池上 彰

社会に出るあなたに伝えたい

なぜ、いま思考力が必要なのか？

講談社＋α《プラスアルファ》新書

はじめに――思考力とは「自分がよりよく変わる力」

新型コロナウイルスのパンデミック（世界的大流行）は、日本そして世界を大混乱に陥れました。

この未曾有の事態は、私たちの「思考力」を試し続けています。感染しないためにどういう行動をとればいいのか、デマを見極めるにはどうすればいいのか。新型コロナで、私たちがこれまでに経験したことのない事態が次々に起こりました。

人は不安を感じる状況、「とにかくよくわからない」状況の中では、つい「思考停止」になってしまいます。不安なときこそ、思考力というものが必要だと、私たちは実感したのではないでしょうか。

思考停止に陥れば、つまり「自分の頭で考える」ということができなければ、「自分の代わりに、他人に考えてもらう」ということになります。そうして他人の考えに自分の頭の中が支配されてしまい、世の中の大勢《たいせい》に流されたり、不安でパニックになったり、デマを信じたりしてしまいます。

いまこそ、こうした人の性質や弱さというものを知った上で、自分が間違った方向に向かわないよう、ものごとを常に冷静に、論理的に捉える「思考力」が求められているのです。

この本で私があなたに示したい思考力とは、事実を真摯に探究して、それを積み重ねていくことによって、社会の現実と自己のありようを知り、「自分がよりよく変わる力」です。

悩みを解決したり、自分の生きる道を見つけたり、社会と自分との関係を変えたりするとき、思考力が役立ちます。

読者のあなたには、勉強や仕事で一生懸命努力しても結果が出ず報われないこと、相手に誠実に対応していても人間関係がうまくいかず苦しむこと、いまの進路で本当にいいのだろうかと迷うことなど、いろいろな悩みがあるでしょう。

実際、私もいろいろな挫折感を味わってきました。たとえばＮＨＫで働いていた頃は、自分が思い描いていたとおりのキャリアを積めず、退職するという経験をしました。

本書で紹介する、政府の新型コロナウイルス感染症対策分科会の尾身茂会長も、外交官になりたい、やはり医者になりたい、それでもやっぱり外交官の夢を忘れられない……と、自分の進路に何度も迷いながら、いまに至ったと聞きました。

同じく本書で紹介する、一〇代で四冠となった（二〇二一年一一月一三日時点）将棋の藤井聡太さんの場合は、もっと将棋を探究したいという思いで高校三年生の冬に中退を決断し、棋士という道に専念することを選びました。「自分」をよく知っている人ならではの論理的な選択だなと感じました。

思考力がつくと、これまでと違った視点で自分を見つめ直し、自分をよりよく知ることができます。自分を知り、社会の中で自分のいまいる「立ち位置」がわかると、これから自分がどう行動すべきかについてもわかってきます。思考力で、自分がよりよく変わることができるようになるのです。

思考力があれば、たとえ途中で行き詰まったとしても、心が折れたりやみくもに突っ走ったりすることなく、諦めずに立ち上がり、試行錯誤しながら問いを立て、他者との対話で新しい発想を生み出しながら、未来へと恐れずに立ち向かっていくことができるのです。

本書では、序章で「なぜ、いま思考力が必要なのか？」を、私たちの思考力が不足していると感じられたコロナ禍での出来事を交えながら解説します。

第1章は、日本社会の抱える問題点や弊害を指摘する、現状分析の章です。失敗を恐れて

「プランBを考えない」、なんとかなると脇目もふらず猪突猛進し「精神論に支配される」という点、あなたにもきっと、多かれ少なかれ思い当たるところがあるのではないでしょうか。

第2章では、「社会のありよう」を知るための練習として、二〇二二年度より、従来の知識重視から思考力重視へと変わる高校の社会科を題材にした紙上模擬授業を、あなたと考えながら進めていきます。

第3章と第4章は、思考の持つ力を、諦めずに立ち上がる「乗り越える力」、ステレオタイプ思考から抜け出すための「問いを立てる力」というふたつの側面から詳しく解説しています。思考力とは「自分がよりよく変わる力」だという、本書の定義の核となる章です。

そして第5章と終章は、思考力を鍛えるための実践編です。第5章は、自分とは異なる他者を理解し、よりよい発想を生み出す際に必要となる「対話の力」について。終章は「思考の方程式」として、思考力を鍛えるときに欠かせないヒントを九つ挙げました。

さあ、一緒に考えましょう。

社会に出るあなたに伝えたい　なぜ、いま思考力が必要なのか？／目次

1 プランBを考えない

2 精神論に支配される

第2章　自分の頭で考える授業
――さあ、一緒に考えましょう

第3章　折れないしなやかな自分をつくる
——乗り越える力

第4章 ステレオタイプ思考は脱却できる
――問いを立てる力

第5章　思考が深まる、新しい発想が湧く

——対話の力

終章　思考の方程式

——九つの考えるヒント

序章　パンデミックで試された私たちの思考力

「ワクチン陰謀論」に多くの人が惑わされたのはなぜか

コロナ禍で、思考力の大切さを改めて痛感した人も多いのではないでしょうか。

たとえば新型コロナウイルスのワクチンに関して、さまざまな「陰謀論」が世界中で広まり、問題となりました。そのとき何が嘘なのかを見極めるには、思考力が必要となります。

私が教鞭をとっている東京工業大学は、優秀な理系学生が集まっている大学ですが、学生向けに毎年恒例の「池上彰先生に『いい質問』をする会」を開催した際、陰謀論に関する質問が続出しました。

その中に「新型コロナワクチンには、年単位で副作用が出てきて、いろいろなところで遺伝子が書き換えられて二年後に死ぬとか、一〇年後に死ぬ可能性があると言われています。ワクチンは殺人兵器。ワクチンによる人口削減計画という陰謀論についてどうお考えですか?」というものがありました。質問者が自分で陰謀論と言っていますから、この質問者は、陰謀論者ではないんだろうなとは思いますが。

このとき私は、「二〇二〇年の暮れからアメリカでようやく接種が始まったばかりのワクチンですから、『二年後や一〇年後にワクチンの影響で死んだ』という人はまだいません。

『死ぬ可能性がある』ことに関するエビデンス（科学的な根拠）は、まだどこにもありません」と答え、「ものごとを考えるときには、エビデンスがあるかどうかを前提にして議論しなければいけないよ」と伝えました。

とはいえ新型コロナワクチンは、世界中の研究者たちが総力を挙げ、大急ぎで開発したものですから、長期的な安全性について漠然とした不安を感じてしまう人もいるでしょう。いくつかの陰謀論について、医学的な事実をもとに説明します。

まず「新型コロナワクチンによって、ヒトの遺伝子が書き換えられる」という主張です。人体の仕組みとして、遺伝情報を持つDNAは細胞内の「核」の中で守られていて、外部から簡単に書き換えられないように作られています。そのため、ファイザー社やモデルナ社が開発した「mRNA（メッセンジャー・アール・エヌ・エー）ワクチン」では、ウイルスの遺伝情報を載せたmRNAを人体に注入しても、ヒトの遺伝子が書き換えられることはありません。またmRNAは非常に壊れやすいため、体内で役割を果たした後は短期間で分解されてしまうことがわかっています。

次に「不妊になるかもしれない」という主張に関しても、実際に「不妊になった人がいる」というエビデンスは、まだありません。この主張は、ファイザー社の「元バイス・プレジデント」と名乗る人物がＳＮＳ上で拡散したもので、「新型コロナワクチンによって体内で作られる抗体が、新型コロナのスパイクタンパク質と似た構造の、胎盤を形成するシンシチン－１というタンパク質を攻撃する可能性がある」というものだそうです。

しかしこれらふたつのタンパク質はそれほど類似性はない上に、実際に抗体がシンシチン－１に対してそのような反応が起きたことは確認されていません。

なお「元バイス・プレジデント」という肩書は、日本のＳＮＳ上で「副社長」と訳されていることが多いのですが、正確には日本でいうところの副部長相当の肩書です。陰謀論者は、あえて「副社長」と訳すことで、「極秘情報を知っている人物」という印象を植えつけたいのでしょうか。

ビル・ゲイツ氏にかけられた疑惑を検証

さらに、ワクチン接種で「人体にマイクロチップを埋め込む計画」「人口削減計画」があるという主張は、マイクロソフトの共同創業者で、現在は「ビル＆メリンダ・ゲイツ財団」理事として慈善事業を行っているビル・ゲイツ氏にかけられた疑惑です。

ビル・ゲイツ氏がワクチン接種でマイクロチップを埋め込み、世界の人々のデータを収集しようとしているという、まったく根拠のない陰謀論が世界中に流れてしまいました。

ワクチンの注射針の直径は〇・五㎜前後です。一方、環境省が推奨しているペットの犬や猫に埋め込むマイクロチップは直径二㎜で、専用の太い注射針のついた注射器を使います。ワクチンの注射針とはサイズがまったく違うのに、どうやってマイクロチップを人体に埋め込むのか、少し考えれば無理だとわかるのではないでしょうか。

ビル・ゲイツ氏が標的となったのは、ビル＆メリンダ・ゲイツ財団がアフリカなどの途上国で、さまざまな病気を予防するためのワクチンを接種しようという運動を進め、莫大な資金を拠出してきたことも背景にあるようです。

さらに彼は二〇一〇年の「ＴＥＤ（Technology Entertainment Design）」で、「ワクチンで人口を一〇％減らせる」という発言をしていました。この発言が前後の文脈を無視して独り歩きしたことが、人口削減計画という陰謀論が出た原因と見られます。

ＴＥＤとは、世界中の有名・無名を問わず選ばれた人たちによる、さまざまな分野のアイデアを広めるための講演会を開催・配信している非営利団体です。ＴＥＤは通常、短くパワフルなプレゼンテーション（一八分以内）のかたちで行われますから、この発言の意図の説明が省かれていたのでしょう。

実際、ビル・ゲイツ氏は一八年に朝日新聞のインタビューで「人口の減少を懸念している裕福な国々とは反対に、人口増加率が非常に高い貧しい国々では、十分な食料や教育の機会を市民に提供することが難しい。(中略)保健医療の向上は少子化の最大の原動力になる。女性が安全に出産できる場を提供することや、予防接種についての理解を促進し、ワクチンが入手できる環境を整え、母親の栄養状態を向上させることで、乳幼児の健康に多大な影響を与える」「女性が出産と次の妊娠の間をより長くとれるようにし、小さな家族が可能になれば、女性たち自身の健康に大きなメリットがあるだけでなく、社会全体にもプラスをもたらす」と述べています。

つまりTEDでの発言は「世界の人口を減らす」のではなく、「貧しい国の人口増加率を減らし、女性や子どもたちの健康を守る」という意図での言葉であり、「ビル・ゲイツ氏による人口削減の陰謀」などではないのです。

日本人が陰謀論にハマるなんて意外だ、と驚く方もいるかもしれませんが、陰謀論に飛びつく人はこれまでもたくさんいて、その存在がインターネットやSNSの発達によって「見える化」したということです。また、誤った情報が拡散するスピードも、とてつもなく速くなりました。

「因果関係を知りたい」が科学や陰謀論の原動力

人は昔から陰謀論が好きな生き物です。なぜなら人にはみな、何らかの出来事が起きたときに「どうしてこんなことが起きてしまったんだろう？」と原因を究明したくなる気持ちがあるからです。その出来事には何らかの背景があるのではないか、因果関係があるのではないか、と考える中で、それが「何らかの統一的な力によって起きている」などと思うようになると、「神の御業《みわざ》」だったり「大きな陰謀」だったり、非科学的な考え方へと傾倒することになります。

たとえば科学が発達する以前の中世ヨーロッパでは、占星術が盛んでした。夜空の星座が季節ごとにめぐり、毎年同じ時期に同じ星座が並ぶ。そして冬の星座が現れると、多くの人が咳をしたりくしゃみをしたり、熱を出したりと、重い風邪症状が出る。冬の星座が消える頃には、そうした人が減ってくる。

そのため冬に流行するこの症状を、一六〜一七世紀のイタリアの占星術師たちは星や寒気の「影響＝インフルエンツァ（influenza）」によるものと考えました。これが現在、英語で「インフルエンザ」として定着した病名の語源となったと言われています。

中世ヨーロッパでは、いまで言う「インフルエンザ」が冬に流行する理由がわかりませんでした。ウイルスという存在が発見されたのは、一九三一年に電子顕微鏡が発明されてからです。それ以前の光学顕微鏡の段階では、細菌は見ることができましたが、細菌よりも小さなウイルスは見ることができませんでした。

また、細菌が病気の原因になるということがわかったのもごく最近のこと。一九世紀後半、ドイツの医師・コッホによって解明され、この功績によって一九〇五年にノーベル生理学・医学賞を受賞しています。

冬に流行する重い風邪の症状について、何らかの因果関係を見つけたい。その背景にある何らかの「統一的な力」が、中世ヨーロッパでは「星の力」だと考えられたということです。

この「因果関係を見つけたい」という気持ちがいい方向に働き、科学の発展の原動力にもなりました。古代ギリシャのユークリッドによる幾何学、一七世紀イギリスのニュートンによる力学などは、「統一した考え方でいろいろなものごとを説明したい」という欲求によって、学問へと発展したのです。

ただしその欲求が悪い方向に働いてしまうと、陰謀論につながるというわけです。ワクチン陰謀論も、「どうしてこんな未知のウイルスが登場したの？」「どうしてこんなに早くワクチンが完成したの？」「どうして各国のトップがワクチン接種を推奨するの？」などといった素朴な疑問が出発点となり、それが非科学的な方向へと突き進んだ結果、発生したものなのでしょう。

アメリカ大統領選の投票用紙で不正は難しい

陰謀論といえば、ことあるごとに自分に不利な情報について「フェイクニュースだ」、と主張していたアメリカのドナルド・トランプ前大統領を思い出す人も多いでしょう。米CNNの調査では、トランプ氏は二〇一七年の大統領就任からの一年間に、「フェイクニュース」という言葉を少なくとも四〇四回、つまり一日一回以上使用していたということがわかっています。

再選を目指した二〇二〇年のアメリカ大統領選で落選したトランプ氏は、「本当は自分が勝っていたのに、票を差し替えられた」と主張しました。すると日本でもそれを信じる人たちがたくさん出てきました。「大統領選　不正」などのキーワードでネット検索をすれば、日本人によるそうした主張はいくらでもヒットします。

しかしアメリカ大統領選の投票の仕組みを知ると、票の差し替えが難しいとわかるでしょう。大統領選では、アメリカの連邦議会の上院議員の三分の一と下院議員全員、各州の州議会の上院や下院の選挙も、同時に行います。それらが一枚の投票用紙の中に全部入っています。

手元に、ニューヨーク市クイーンズ区の投票用紙があります。マークシート方式で、投票したい人に印をつけるようになっています。

いちばん上に、共和党、民主党それぞれセットで立候補する大統領と副大統領の、立候補者名が書かれています。その下にクイーンズ区の区長選挙の立候補者名。その下が連邦議会下院の立候補者名、そこからニューヨーク州議会上院議員、州議会の下院議員、ニューヨーク市の民事裁判所の裁判官、と立候補者名が続きます。

さらに投票用紙は裏にもまだ続いていて、それぞれの裁判所の裁判官、警察のトップ、検察のトップなどの立候補者名が書かれています。アメリカでは、裁判官も警察・検察のトップも、選挙で選ぶのです。それら全部にマークシートで印をつけて、これを機械で一気に読み込みます。

そうすると、「大統領選で投票用紙が盗まれた」「共和党候補のトランプに投票した人の票が、民主党候補のジョー・バイデンに書き換えられた」となると、では同じ用紙で印をつけた他の議員たちの選挙結果はどうなるの？　という話になりますね。全米の州議会議員選挙では、共和党が圧勝しています。陰謀論の黒幕が、バイデン氏を勝たせようとする民主党であるのだとすれば、州議会議員だって民主党を勝たせるように操作するんじゃないんですか、なぜそうしなかったんですか、という疑問が生まれます。

この投票用紙を見れば、大統領選の箇所だけどうして差し替えられるのか、普通に考えてあり得ない、ということがわかるわけですが、アメリカの投票の仕組みを知らない日本の人たちは、「票が差し替えられた」と安易に信じてしまうのでしょう。

しかしアメリカ人の一部も、陰謀論を固く信じていて、バイデン大統領が誕生した後も、投票用紙差し替え疑惑の調査を進めました。アリゾナ州の州知事は共和党でトランプ支持者ですから、「票が差し替えられた」という疑惑を前提として、調査チームを結成しました。これがまた、見事に陰謀論者ばかりが集まったチームだったのです。

彼らは保管してある投票用紙を持ち出してきて、「本物の投票用紙には透かしがあるはずだ」と一枚一枚に紫外線を当て、「透かしが入っていないじゃないか」と騒ぎ出しました。すると選挙管理委員会が、「そもそも本物の投票用紙に透かしは入れていない」と説明しました。

次に紙質の調査を始め、「トランプの当選を妨害したのは中国だ。投票用紙は中国で作られたのではないか。中国製の投票用紙なら、きっと竹が使われているに違いない」と言い出して、紙の中に竹の成分が含まれているかどうかを調べ始めました。「中国といえば竹」という、ステレオタイプ（紋切り型）な思い込みからきています。論理が破綻した滅茶苦茶なことを、大真面目に主張したのです。調査の結果、一部に票の数え間違いが見つかり、逆に当初よりトランプ票が減り、バイデン票が増えてしまいました。

人は、自分の信じる論ありきでストーリーを作る

つまり人は、自分の信じる論ありきで、それに合う事実だけを組み合わせてストーリーを作ってしまう、という習性を持っているのです。

「団塊の世代」と呼ばれる七〇代の男性たちで、ネットを使っている人が、「ネット右翼」、略して「ネトウヨ」化しつつあるという問題があります。大学も出たそこその「インテリ」が、長年仕事人間としてすごしてきて、定年退職後に家でやることがなくなる。家事をするでもなく、地域に友人がいるわけでもなく、奥さんに邪魔者扱いされながらすごしてい

ると、ネットにハマる。するとあっという間に極端な考え方になっていくというのです。

私もコロナ禍前、大学時代の同期と毎年同窓会を開いていましたが、「すべては韓国の陰謀だ」なんてことを平然と言う人が本当にいました。大手メガバンクの支店長まで務めたような人が、そんなことを言うのです。作家の林真理子さんもエッセイで、夫がリタイアしたらあっという間にネトウヨになった、と書いていました。林さんご自身はいまも、出版社をはじめいろいろな人たちと交流していて社会が広いから、ネトウヨ化はしないわけですが。

人生経験も、知見もある人が、どうして極端な考え方になってしまうのでしょう。それはむしろインテリだからこそ、さまざまな疑問を持ったときに、それを統一的に説明する理論を追い求めるからだろうと思います。

ネットで「日本は在日によって支配されている」といった情報に触れると、「そういえば最近テレビを見ていると、明らかに在日の名前の人が出てくる、なるほどそうか」などと早合点をしてしまうのでしょう。

日本は戦後も、在日朝鮮人・韓国人に対する激しい差別がありました。彼らは在日というだけでまともに就職もできず、ツテをたどってパチンコ店や焼肉店など限られた業界で働くしかありませんでした。でも次第に日本社会で、差別はおかしい、差別をなくしていこうという気運が高まり、結果的に、「優秀な人材なら採用する」という企業も、マスコミをはじめとして各業界で増えていきました。

優秀だからこそ、テレビ局なら画面に出てリポートをしたり、新聞社なら署名記事を書いたりします。そこで、在日の人たちの名前を見るようになると、「ああ、やっぱり日本のマスコミは在日に支配されている、『マスゴミ』だ」などというとんでもない話が出てくるんですね。ちなみに大学でこういう話をすると、在日の人たちが差別をされていたという歴史自体を知らない学生たちが多くいて、びっくりしています。

ものごとを解明したい、真相を知りたいという気持ちから、因果関係がはっきりする「統一的な力」を追い求める。自分の考えと合う論に対して安易に飛びつき、その根拠となりそうなものを見つけると「ほら見ろ」と信じ込み、論に合わない事実は無視して、ストーリーを作り上げる、ということです。

なぜ、政治家が矛盾したコロナ政策を行ったのか

政治家が矛盾したコロナ政策を行うのも、事実を都合のいいように解釈しているからです。小池百合子東京都知事が、「緊急事態宣言中は東京に来ないでください」と国民に呼び

かけておきながら、オリンピックを開催して世界中から選手や大会関係者を招いたことが、まさに象徴的です。

二〇二一年四月に始まった、東京都における三度目の緊急事態宣言では、「人の流れを抑えなければいけない」という理由で、映画館や博物館、美術館など、飛沫感染の可能性が低そうなところにすら休業を求めました。「その施設の中で感染する可能性が高いということではないが、そこに行こうとする人の流れができるから、閉めてもらう」という理屈でした。

ところがオリンピックに関しては、代々木公園などの都内各地で、パブリックビューイングをしようとしていました。結果的に開催はされませんでしたが、大勢の人が集まる場所を都が用意しようとしていた。すべてが「オリンピックありき」の発想であるために、他の感染対策との矛盾が生まれていました。そうしたことを冷静に判断できない政治家が多く、「これはこれ、あれはあれ」と自分のやりたいことは例外扱いで棚上げする姿勢だったので、国民が呆れ、非難する状況になりました。

また二〇年八月には、大阪府の吉村洋文知事が「嘘のような本当の話」と前置きをした上で、新型コロナウイルス対策の「切り札」として、ポビドンヨードを含むうがい薬（「イソジン」など）が有効であると発表し、店頭からうがい薬が一斉に姿を消した、ということがありました。

呼びかけの根拠となった研究にはいろいろな点で不備がありました。特に私がびっくりしたのは、研究では「うがい薬を使用してうがいをした群」と「うがいをしなかった群」を比較したものだった、という点です。

うがいをしなかった人と比較すれば、唾液中のウイルスが減るのは当然です。科学的な研究であるのならば、「うがい薬を使用してうがいをした群」「水道水でうがいをした群」「うがいをしなかった群」の三つを比較するべきです。そこから、水道水とうがい薬の群とのあいだで、唾液中のウイルス量の変化に有意差があるのかどうかを見なければ意味がないわけです。

この研究手法そのものに問題があったことに、吉村知事が気づけなかったというのは意外なことでした。弁護士資格は持っていても、吉村知事も後述する文系タイプの政治家なんだなあという感想を持ちました。

なお全国的にうがい薬の買い占めが起きてしまったことを受けて、発表の翌日には吉村知事本人が、うがい薬は「予防薬でも治療薬でもない」と述べています。うがいをすること自体は悪いことではありませんが、コロナに効くかどうかの科学的エビデンスはないということです。

政治家に文系タイプが多いのも、論理的な感染対策がなかなかとられない原因かもしれません。文系タイプと理系タイプとでは、おたがいにコミュニケーションがとれていないな、と感じる場面が多々あります。

政府の新型コロナウイルス感染症対策分科会の尾身茂会長は、医学者ですから、理系タイプの人です。二〇年初頭に日本での第一波が起きた頃、尾身さんは新型コロナウイルス感染症対策専門家会議副座長という立場で積極的に発信をしていました。

しかし「政治家でもないのに、国の感染症対策を決めたり、市民の行動変容を呼びかけたりするのか」といったバッシングが官僚や政治家たちから起き、それがトラウマになったようです。

また専門家会議は、権限や責任が曖昧になっているという課題もありました。そのためいったん廃止され、その後、改正新型インフルエンザ等対策特別措置法にもとづく「新型コロナウイルス感染症対策分科会」という政府の新たな会議体ができ、尾身さんが会長となりました。分科会は、政治家から諮問を受けたら返事をします、という立場の組織です。一時期、尾身さんが自ら意見を発信することは少なくなっていました。

二〇年七月にスタートしたＧｏ　Ｔｏトラベル事業を政府が推進していた頃、私が尾身さんに「Ｇｏ　Ｔｏトラベルについてどう思いますか」と訊ねると、そのときは、「あれは政治家がやることで、それに対して自分は諮問を受けていないので答えられないけれど」と前置きをした上で、「いずれにしても、人の流れが活発になりますと感染が拡大します」と話していました。これはつまり、「Ｇｏ　Ｔｏトラベルはやめなさい」という意味です。

尾身さんの発言は基本的に、自分は政治家ではないからあまりに踏み込んだことは言えないけれど、専門家の立場だとこう考えます、これが何を意味しているかわかるでしょう、というコミュニケーションの仕方をしています。尾身さんは優しいから露骨に言わないというのもありますし、理系の人間として、こういう言い方をすればみんなわかるだろうと思ったのでしょう。

しかし、文系の政治家たちは、わからなかったのか、わざとわからないふりをしたのか、Ｇｏ　Ｔｏトラベルを始めてしまいました。最終的にＧｏ　Ｔｏトラベルは、二〇年の年末に新型コロナの第三波が急拡大する中、ようやく停止となりました。

東京オリンピック開催前の二一年六月にも、その開催の可否について問われた尾身さんは、「普通はない。このパンデミックで」と述べています。これも「オリンピックはやめなさい」という意味でした。しかしそれを政治家たちが理解できなかったのか、理解できないふりをしたのか、とにかくオリンピック、パラリンピックは、開催が強行されました。

パンデミックで求められた数学的な思考力

今回の新型コロナウイルスのパンデミックには、さまざまな局面で数学的な思考力が求められるなと感じています。

第一波の頃に人の接触八割減を国に提言し、「八割おじさん」として有名になった西浦博京都大学大学院教授（環境衛生学）は、数理モデルを使って今後の感染状況の予測を行っています。地域ごとの感染率などを分析することで、新型コロナが流行する要素を「人口密度」「気温」「人の移動率と接触率」「マスク着用や手洗い、社会的距離の確保などのコンプライアンス」の四つであると突き止めました。

この四つを関数にして、「実効再生産数」との時系列相関を、数理モデルで解析しています。なお、この実効再生産数とは、「（ある時刻における、一定の対策下での）ひとりの感染者から何人に感染が広がるかを示す数」で、自分が感染してから二次感染を起こすまでの時間（世代時間）や、検査体制などの外部条件によって実際の感染日と感染判明日とにタイムラグが出ることなど、さまざまな条件を加味し、解析することで算出されるという、複雑な数値です。ただしマスコミ報道などでは速報性を重視し、簡易な手法で計算されることもあります。

実効再生産数は、一よりも大きければ感染が広がっていく、一よりも小さければ感染が収まっていくというものです。つまりひとりから感染する人数が〇・九人になるだけで、掛け合わせていくと、〇・九の二乗は〇・八一人、三乗は〇・七二九人……、とどんどん感染者数は少なくなっていくというわけです。

これが「指数関数」というものです。「指数関数的に増えていくのか、減っていくのか」の数値の傾き、実効再生産数のグラフの傾きは、高校数学で習った「微分」の考え方です。傾きがほぼ横ばいだと、今後もそのままずっと続くだろう、傾きが急激になってくると、急激にこれから減ってくる、あるいは増えてくるだろうということがわかります（37ページ図1）。

高校生のとき、微分なんて何のために学ぶんだろう、と思ったものですが、微分を知っているおかげで、新型コロナの感染者数の増減が理解できるわけですね。

図1　新型コロナウイルス第5波に見る全国の実効再生産数の推移

感染者数の予測に使われる実効再生産数は、1より大きくなると感染拡大、1より小さくなれば縮小していきます。

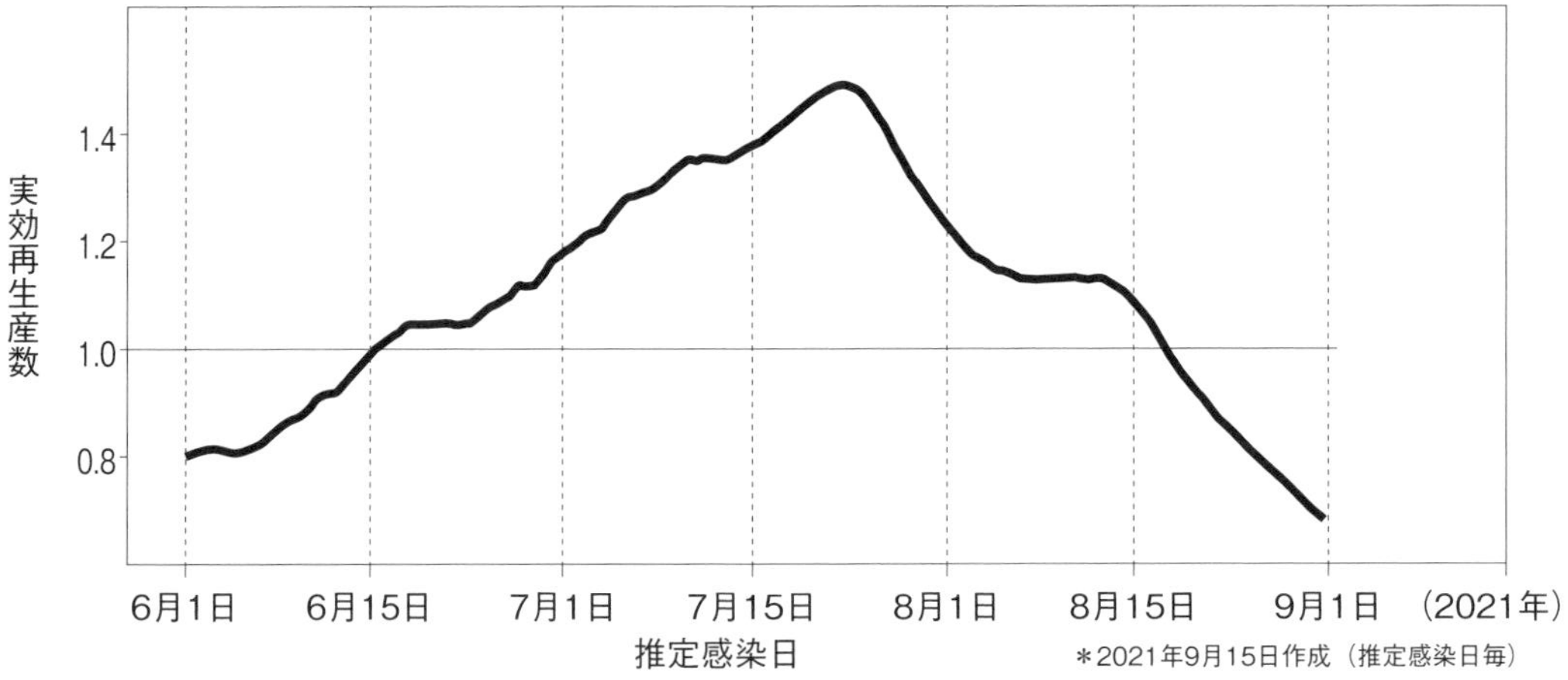

2021年の7月下旬に実効再生産数はピークを迎えますが、このころ感染した人により、新規感染者数は8月20日、当時過去最多2万5975人に達しました。

出典　「第52回新型コロナウイルス感染症対策アドバイザリーボード」資料3-2をもとに作成

また東京都は人口が日本一多いですから、感染者数も日本一多いという日がほとんどです。感染者数だけを見て、「東京は新型コロナ感染者が多いな、東京って危険だな」と思ったことのある人たちも多いことでしょう。

しかし人口一〇万人当たりの感染者数を都道府県別に見てみると、実際には、ある時期に大阪府や沖縄県などが非常に突出していたということもありました。都道府県ごとの医療体制の余力などは、感染者数ではなく人口一〇万人当たりの感染者数で判断しないと、状況を見誤ってしまいます。

たとえば二〇二一年四月から五月上旬にかけて、感染力が強いイギリス由来の変異株（アルファ株）が広がった「第四波」と呼ばれる時期、一日当たりの感染者数は最も多いときで、大阪府が一二六〇人、東京都が一一二六人でした。一見それほど大差はないように思えますが、これを人口一〇万人当たりの感染者数（直近一週間の平均）で調べてみると、東京都（人口約一四〇〇万人）の約四七人に対し大阪府（人口約八八〇万人）は約九〇人と、大阪府は東京都のほぼ二倍にも上っていました。

実際に大阪府では第四波の初期に重症病床が満床となり、新たな重症患者がＩＣＵ病床に転院できないなど、悲惨な医療崩壊が起きてしまいました。死亡率も、第四波では東京都の〇・九七％に対し大阪府は二・八％にも上っていました。

ちなみにこれまでの新型コロナ累計感染者数は、人口一〇万人当たりでは沖縄県が四四八八・六五人（二〇二二年一月一五日時点）でワースト一位となっています。ワースト二位は東京都の二八七三・五三人、ワースト三位は大阪府の二四七九・一六人です。沖縄県の感染者数の多さの理由は、まだはっきりとわかっていません。ただ、米軍基地の中で感染が広がり、アメリカ兵が基地の外に出たことによって感染を広げた可能性も指摘されています。

数字の意味をよく考えてみると、感染状況の分析や危機意識の醸成に、役立つ数値となる場合もあります。

何が事実かを見極めるのが難しい時代

ネットの発達によってデマや陰謀論が「見える化」し、大量に流れ込んでくるようになった現在、何が事実かを見極めるのが難しい時代となりました。嘘のような陰謀論が、本当に陰謀だったという場合も、たまにあります。陰謀論を批判する側も頭ごなしに否定するのではなく、本当に陰謀なのか陰謀じゃないのか、しっかりと考えて見極めなければなりません。

新型コロナウイルスの「中国陰謀論」はトランプ前大統領が主張していましたが、バイデン大統領もそれについて改めて確認をとるように指示し、本当に陰謀論なのかどうか、見極めている最中です。

いまの時代、ネットを使って世界中の人たちがオープンソース・インテリジェンスというものを始めています。有名な団体のひとつが「ベリングキャット」という、『イソップ物語』の「猫の首に鈴をつける」という話に由来する名前を持つ、イギリス人のネットオタクが立ち上げた団体です。

彼らはオープンソース、すなわち合法的に誰でも入手できる資料を丹念に調べ、突き合わせることで、「二〇一四年に起きたマレーシア航空一七便撃墜事件は、ロシア軍参謀本部情報総局（GRU《ゲーエルウー》）が、ウクライナの親ロシア武装勢力に引き渡したミサイルで実行された」と暴きました。ロシアや親ロシア派はウクライナ軍のしわざだと主張していましたが、黒幕はロシアだったのです。

そうしたオープンソースで調査をする人たちが、武漢のウイルス研究所にいた石正麗氏という、「バットウーマン」と呼ばれていた女性研究員について調べています。

彼女は雲南省の洞窟にいるコウモリのウイルスを専門に調べていて、過去に中国語でいろいろな論文を発表していました。数年前には、現在の新型コロナウイルスと極めて似たウイルスについての論文を、中国語で発表していたことがわかったのです。調査チームがその論文を見つけたことをネットで発表した途端、彼女の過去の論文は削除され、いまは読めなくなっています。

そこで新型コロナウイルスは、意図的に作ったとは言えないにしても、コウモリから取り出したウイルスを調べているうちに誤って外部に流出してしまったのではないか、という可能性がにわかに高まってきています。そうなると、「単なる陰謀論だ」などとあっさりと切り捨てることはできません。

むやみに信じたり、頭ごなしに否定したりするのではなく、事実を調べて積み重ねながら、自分の頭で考えて判断するしかないのです。そうした思考力の重要性は、いまこそ高まっています。

第1章

戦争・パンデミック・東京五輪

――日本が失敗するときの共通点

1 プランBを考えない

原因を徹底究明するNASAと、検証しない経済産業省

日本政府の、後手後手に回る新型コロナウイルスへの対応や、世論を無視して開催へと突っ走った東京五輪の顚末などを見ていると、日本が失敗するときの共通点が浮き彫りになってくるようです。それは敗戦という結果を迎えた太平洋戦争にも言える、日本社会が抱え続けてきた問題点だと感じます。

ここではふたつの問題を取り上げます。「プランBを考えない」ということ、そして「精神論に支配される」ということです。

「失敗学」を提唱している東京大学名誉教授の畑村洋太郎さんは、失敗を教材として捉え、そこから学んで次に生かしていこうと提唱しています。失敗しても、次はうまくいくようにと思考力を発揮して、また挑戦すればいいのです。失敗を恐れる人が増えているといいますが、思考力をつけておけば、失敗を恐れる必要はありません。

ただし失敗から学ぶためには、前提条件として、失敗したときにその原因を徹底的に究明

しておかなければならないでしょう。日本社会はそれが苦手なようです。

小惑星探査機「はやぶさ2」に携わった、元宇宙航空研究開発機構（JAXA）の山浦雄一さんは、かつてアメリカのNASAを訪れた際、失敗を徹底的に究明する姿勢に感銘を受けたと言います。

彼がNASAに行ったのは、一九八六年に起きたスペースシャトル「チャレンジャー号」爆発事故の直後でした。その事故は、打ち上げから七三秒後にチャレンジャー号が空中分解し、七人の乗組員全員が亡くなる大惨事でした。

NASAはすべての計画をストップして、チャレンジャー号は何が原因で失敗したのかを、全部徹底的に洗い出していました。結論としては、固体燃料ロケットについていたO《オー》リング（密閉のためのゴム性のリング）の不具合が事故原因でした。

日本だと、ここまでの究明で終わるかもしれません。しかしNASAは、「どうしてO《オー》リングが不具合を起こしたのか」「それをなぜ見過ごしてしまったのか」「見過ごしてしまうような作業プロセスだったのか」「見過ごしてしまっても『まあ、いいや』と思ってしまうような人がプロジェクトチームになぜ生まれてしまったのか」、などといったところまで徹底的にさかのぼって、すべての弱点を洗い出していたのです。これは日本の組織がなかなかやらないことです。

たとえば経営再建中である東芝の二〇二〇年七月の定時株主総会で、「もの言う株主」であるシンガポールの投資ファンド、エフィッシモ・キャピタル・マネージメントなどが、独自に社外取締役人事の株主提案を行ったものの、否決されるということがありました。

実はこの裏で、株主提案権や議決権の行使を妨げるために東芝の経営陣と経済産業省幹部とが一緒になって、改正外為法（外国為替及び外国貿易法）の利用を示唆して人事案取り下げを求めていたことが、株主に選任された弁護士グループによる調査報告書によって明らかになりました。企業と国とが一体となって、自由主義経済ではあってはならないルール違反を犯していたのです。

これに対して梶山弘志経産相（当時）は、東芝が原発の廃炉事業や安全保障に関する技術開発をしていることから「国の安全の確保は、経済活動の大前提となるもの」「当然のことを行っているまで」などと発言し、独自調査もしない、として逃げ切ろうとしています。会社法などの観点からもあり得ないことです。

経済産業省として正しいことをやったと言うのであれば、今回の経緯を徹底的に調査した上で、「私たちがやったことは正しいんだ」と国内外の投資家を納得させることができるような報告書を出せばいいのです。「われわれは正しいことをやったんだから、検証する必要はない」と、うやむやにして幕引きをするのは、経済産業省が今後も日本企業の経営に介入してくる可能性があると、梶山経産相自身が国内外に発表したのと同じことです。

ということは、これから世界中の投資家たちが「日本企業は、いざというときには株主の言うことを聞かない、資本主義の国ではないんだな」「じゃあ、信用できない日本企業に投資をするのはやめよう」と考え、日本株への投資額を減らしていくかもしれません。長い目で見れば、逆に日本の国益を毀損《きそん》することをやってしまった、ということなのです。

問題の原因や経緯はうやむやにせず、NASAのように「どうしてこういう風土をつくってしまったのか」という背景までを含めて、徹底的に洗い出して究明すべきです。そうすることで、次の失敗を減らすことができるのです。

失敗はするものという前提でプランBを作る

NASAは失敗したときに備えて、常に「代替案＝プランB」を考えているといいます。

NASAのスペースシャトルに乗り込む宇宙飛行士たちは、宇宙に行くためのいろいろな訓練がある中で、真っ先に不時着水のときの訓練から行うのです。ロケットを打ち上げた直後に事故が起きるかもしれない。そこで、スペースシャトルのいちばん上のカプセルだけが切り離されて、フロリダの海に落ちるように設計されています。そのため海に落ちてから助けが来るまでのあいだ、どうやって生き延びるかという訓練から始めるのです。

次に行うのは、人気《ひとけ》のない砂漠やジャングルなどの過酷な環境に、サバイバルキットだけを持って放り出され、そこで生き延びる訓練です。

宇宙への行き帰りの途中で、スペースシャトルが軌道を外れて、ロシアのシベリア地域に、あるいはアフリカの砂漠地帯に不時着陸するかもしれない。そこで助けが来るまで生き延びる訓練を、宇宙飛行士がするというのです。無重力状態に慣れる訓練や、三半規管を鍛える訓練などをするかと思いきや、失敗したときのサバイバル訓練から始めるなんて、意外です。

スペースシャトルの打ち上げ工程についても、ひとつひとつの手順ごとに、「ここで異常が起きたらどうするか」というプランBがきちんと決まっています。ここを過ぎたらもう後戻りはできないというポイント、「ポイント・オブ・ノーリターン」をたくさん設定しておき、「ここを過ぎたらもう前の工程には後戻りできませんよ、このときはこう対処します」というプランBを必ず定めておくのです。

このポイント・オブ・ノーリターンは、飛行機の離陸にも必ずあります。航空機が滑走路を走り出したときには、ある程度のスピードが出ない限り離陸できないし、逆にある程度以上のスピードが出たときには、もう離陸するしかありません。その分岐点がポイント・オブ・ノーリターンです。その直前までは離陸を中止することができるし、そこを越えてしまった後に離陸を中止すると、大きな事故が起きます。

そのポイントを越えたら、副操縦士が「Ｖ１《ブイワン》」と大声で言うように決まっています。「ポイント・オブ・ノーリターンの速度に達した」という意味です。民間航空機の大半はそもそも、ボーイングなどアメリカの会社が造っていますから、手順がスペースシャトルと似ているのです。

単に「打ち上げに失敗したらどうするか」というプランＢではなく、すべての過程でプランＢがあるということです。

宇宙空間でいよいよ、国際宇宙ステーションとドッキングをするというときも、ドッキングができなくなるようなあらゆる状況、遠く離れたところに放り出された場合、ドッキングの機械が壊れていた場合などを想定して、すべてにプランＢを作っています。私たちはその成功したところだけをテレビなどで見ているのです。

太平洋戦争でパパ・ブッシュを救ったプランB

アメリカがプランBを大切にする伝統は、太平洋戦争のときにも見られました。当時すでにアメリカ軍の攻撃作戦には、常にプランBがありました。

南太平洋で日本軍を攻撃するとき、アメリカ軍の爆撃機は、敵である日本軍の戦闘機によって撃墜されるおそれがあるため、爆撃機を護衛するための戦闘機とセットになって出撃していました。

爆撃に成功しても、敵の攻撃によって、アメリカ軍の戦闘機や爆撃機も何機かは必ず撃墜されるだろう、パイロットや搭乗員が海に投げ出されるだろうということを前提に、救出するための潜水艦をあらかじめ海中に配備しておいたのです。

アメリカ第四一代大統領のジョージ・H・W・ブッシュは、息子も大統領になったためパパ・ブッシュとも呼ばれますが、実は海軍の搭乗員として日本軍と戦っています。小笠原諸島を攻撃していたとき、日本軍によって撃墜されて海に投げ出されたものの、アメリカ軍の潜水艦がすぐ近くにいたので無事に救出されました。そうして生き延びたパパ・ブッシュは、後にアメリカの大統領となったのです。

ちなみに、アメリカ軍がパイロットを救助するのは、もちろん人道的な意味もありますが、パイロットは養成するのにお金がかかり、ひとり失うと金額的に大きな損失になるからなのです。パイロットを助けてまた出撃できるようにするということは、経済合理性があるわけです。戦争が長引くにつれて、アメリカ軍には、出撃経験を積んだベテランパイロットがどんどん増えていきました。

一方の日本軍は、敵地に向かって爆撃機や戦闘機が一斉に出撃する際、日本軍の潜水艦がパイロット救出のためにあらかじめ近海に配置されるようなことは、ほとんどありませんでした。それにより、太平洋戦争が始まった真珠湾攻撃のときのパイロットはきわめて技能が優れていたのですが、戦争が長引くにつれてパイロットはどんどん亡くなりました。結果的に、戦争後期に急ごしらえをしたパイロットたちは、空中戦を展開できないレベルになっていました。

戦争中の兵士のために造られたワイキキ・ビーチ

太平洋戦争中、アメリカ軍の艦隊はトップの提督以下、何千人という乗組員が数千人ずつワンセットのふたつのグループになり、同じ空母と戦艦を使いながら交互に総員入れ替えで戦っていました。

数ヵ月間戦場で戦っていたら、みんな疲労困憊《こんぱい》するだろうから、交替でハワイに戻って静養しよう。そうして疲れをとって、また意欲満々になって戦おう、というのが、アメリカ軍のやり方だったのです。

ハワイのオアフ島はワイキキ・ビーチが有名です。あの砂浜は、真珠湾にいるアメリカ軍の兵士たちが静養して遊ぶために、人工的に造ったものです。いまも定期的に、観光客のいない深夜に砂を補充して、砂浜を維持・管理しています。

一方で太平洋戦争中、日本で流行した歌は「月月火水木金金」でした。要するに、日本軍の一週間には土曜日・日曜日はない、徹底的に休まず働くこと、休まず戦うことこそが、日本男児であり日本軍人なんだ、という思想です。長期戦に耐えられないのは当然です。このくらい、戦争に対する考え方が日米で違ったんですね。

もし長期戦になったときに何が必要になってくるのかというプランBを、日本軍も常に考えておくべきでした。

ロジスティクスに優秀な人材を配置するアメリカ

戦争では、「兵站《へいたん》＝ロジスティクス」、つまり実際に戦闘する兵士のために、食料や水や燃料、軍需品などを後方から補給する部隊が必要です。日本の陸軍では輜重《しちょう》部隊がそれに当たります。重要な任務なのですが、輜重兵は戦闘に出ない、食料や燃料などを運ぶだけの連中だと、徹底的に軽視される存在でした。

輜重兵をばかにするざれ歌までありました。「輜重輸卒《ゆそつ》が兵隊ならば　蝶やとんぼも鳥のうち」、つまり「輜重兵が軍隊で兵隊だと言うんなら、チョウとかトンボだって鳥の仲間と言うようなもんだぜ、それくらいあいつらは兵隊じゃないぜ」という意味の歌です。

日本軍には、ロジスティクスが重要だという認識がありませんでした。だからガダルカナル島の攻防戦やインパール作戦などでは、食料が手に入らなくなり、日本兵が次々に餓死していきました。あるいは日中戦争においては、「現地調達をしろ」と命じていました。現地調達ということは、中国人の家に押し入って食料などを強奪するということです。そういうひどいことを、日本軍は日常的にやっていたのです。

一方のアメリカ軍は、ロジスティクスを重視し、ロジスティクス部隊には優秀な人材を配置するし、常にいろいろなものが現場に行き届くように用意していました。

これも太平洋戦争中のエピソードです。日本軍が配備されていた島にアメリカ軍が上陸し、さまざまな物資の陸揚げを始めたので、日本兵が偵察に行きました。すると食料だけでなく、アイスクリーム製造機まで陸揚げをしていたというのです。

南方戦線で日本兵が飢えに苦しんでいるときに、兵士たちにアイスクリームを食べさせようとしているアメリカ軍を見た瞬間、日本の偵察隊は「われわれは負けた」と思ったといいます。

トヨタ生産方式を新型コロナワクチン接種に応用

新型コロナウイルスに対するワクチンがアメリカで完成した際も、それをどうやって素早く国民に接種するのか、その最高執行責任者には、陸軍のロジスティクスを統括する陸軍大将が就きました。ワクチン接種が始まった直後に発足したバイデン政権で、あっという間にワクチン接種が進んだのは、陸軍のおかげです。

日本でも、ワクチン接種開始直後、愛知県では集団接種がすぐに軌道に乗りました。トヨタ自動車が「トヨタ生産方式」というロジスティクス理論で、ワクチン接種のルートを作ったからです。これは一方通行で歩いていって、二〇分から三〇分ですべてが終わる仕組みです。

トヨタのやり方は、ひとつひとつの動作を一般のお年寄りがするのに何秒かかるかというシミュレーションをまず行って、ルートを組み立てていくものでした。「上着を脱ぐのに三〇秒、腕まくりに一〇秒、接種に三四秒」など各作業にかかる平均時間を算出し、足し上げていって、接種が終わった後の待機時間中に二回目接種の予約をして、結果的にひとりあたり三〇分ほどですべて終わるスムーズなものでした。

トヨタ生産方式は、部品の在庫を置かないようにするために、自動車を組み立てる直前に部品が提携工場から届く仕組みを作り上げています。まさにロジスティクスのお手本は、アメリカだと陸軍、日本だとトヨタになる、ということでしょうか。

2 精神論に支配される

ワクチン接種で国民が驚いたドタバタ劇

失敗に備えないことに加えて、グランドプラン（基本計画）を描くのが苦手で、行き当たりばったりになりがちだという点も、日本社会の欠点だと言えます。

新型コロナワクチンの場合、安倍内閣のときに「二〇二一年前半までに、日本で接種を希望する人全員が二回打てるだけのワクチンを確保する」と発表していたのに、菅内閣になったあとに、あれはどうやらファイザー日本支社との単なる口約束で、アメリカ本社が納得したものではなかったということがありました。

菅義偉《よしひで》総理（当時）は激怒し、水面下での交渉を経て、二〇二一年四月、日米首脳会談のため訪米した際に直接、菅総理とファイザーＣＥＯとが電話会談（アメリカまで行ったのに！）をして、やっと供給の目途がつきました。

ところが、ようやくワクチン接種が始まると思ったら、次はどこでどうやってワクチンを接種するかという手順が、整備されていませんでした。

自衛隊による東京・大手町の大規模接種会場でも、接種が始まってからしばらくして、四週間後の二回目の予約がとれないと騒ぎになったことがありました。

なぜそんなことが起きたのか。一回目接種の後、四週間後に行う二回目接種の予約をするわけですが、四週間後の時期が、新規の一回目接種の人たちの予約である程度埋まっていて、結果的に二回目の予約がとれない事態になっていたのです。一回目を打てば、四週間後に二回目を打つのですから、そもそもその時期の予約枠を空けておかなければいけない、新規一回目の人の予約で埋めてしまってはいけないという、ちょっと考えれば誰でもわかるようなことを考えていなかったのです。

その後六月から七月にかけては、想定以上のペースでワクチン接種が進んだために、供給が間に合わなくなりそうだから全国的にワクチン接種の新規予約を一時停止する、という事態にも陥りました。

あの頃のワクチンにまつわるドタバタ劇は、信じられないようなことばかりでした。

ワクチン接種で求められた臨機応変な現場力

さらに言えば、ワクチン接種に当日キャンセルが出て、ワクチンが余ったらどうするかということも、そもそも考えていない会場がありました。ワクチンは冷凍で運ばれていて、接種の予約人数に合わせて解凍します。解凍すると、接種有効期間は六時間〜五日ほどに限られてしまいます。ようやく入手できた貴重なワクチンだったのに、日本では「接種はみんな平等にしなければいけない」と、全国各地で余ったものを捨てていたのです。

二〇二〇年の暮れから接種が始まったアメリカでは、こんなことがありました。医療スタッフがワクチン接種会場で接種をしていたら、キャンセルが出て少し余ってしまった。クリニックに戻って誰かに打ってあげようと帰路につくと、吹雪のために交通渋滞が起きて、車がまったく動かなくなってしまいました。

このままでは、渋滞にはまっているあいだに、解凍ずみのワクチンの使用期限が切れてしまいます。そこでその医療スタッフは、吹雪の中で渋滞中の車を一台ずつ、窓をノックして回って、「ワクチンが余っているんですが、接種しませんか?」と声をかけたそうです。「ぜひ!」と言った人たちにその場で全部打つことができて、ワクチンを無駄にしなかったというわけです。このアメリカ人の柔軟性には、驚嘆します。

この日米の違いはなぜなのでしょうか。

日本ではひとりひとりはみんな優秀でも、現場の人たちは「言われたとおりのことをやります」という姿勢です。

だから「ワクチン接種をやりなさい」と言われれば、会場を設定します。「ワクチンの打ち手はどうするんですか、足りるんですか」と聞かれて、急いで打ち手を探し回ります。「アナフィラキシーショックに備えて看護師をどうするんですか」「予約方法をどうするんですか」と聞かれるそのたびに、どうしましょうか、どうしましょうかとようやく考え始める、というわけです。

みんなが率先して「自分の頭で考える」ことをできていれば、キャンセルが出たらどうしようか、じゃあキャンセル待ちというかたちで待機しておいてもらおうか、などとあらかじめ方策を決められたはずです。

東京都が四〇歳未満向けに予約なしでワクチンを接種できる会場を設けたら、渋谷の会場から原宿駅まで希望者の長蛇の列ができました。でも都は「若者はワクチンを打ちたがらないだろう」と高をくくって、ワクチンを一日二〇〇人分ほどしか準備していなかった、というたお粗末な出来事もありました。「若者が大勢打ちにきたらどうしよう」という発想がなかったのでしょうか。

一方で、スムーズにワクチン接種を進めた市町村もありました。栃木県塩谷《しおや》町などは、電話やネットでの予約制にすると大混乱するだろう、六五歳以上はある程度時間の融通も利くだろう、ということで、役所のほうで初めから地区ごとに日時と場所を割り当てて知らせ、「この日時で都合の悪い人だけ、電話をしてください」というオペレーションにしました。

するとあっという間にスムーズに接種を終えられたのです。高齢者が朝から何時間もひたすら電話をかけたり、遠方の子どもたちにネット予約を代行してもらったりという、全国で起きていた混乱を回避できたということです。これはやはり、現場の役所の人が、自分の頭で考えたことが功を奏したのです。

日本では子どもの頃から、「出る杭は打たれる文化」が蔓延しています。考えて行動することで、周りと違ったり、目立ったりすると「空気を読めよ」という同調圧力がかけられます。そういう日本の「負の文化」が、自分から率先して考えられない人を量産してしまうのでしょう。

「必ず正解がある」教育が危機に弱い日本人をつくる

自分で考えて行動できない人は、危機に瀕したとき、如実に困ったことになります。

日本軍の失敗について書かれた名著『失敗の本質――日本軍の組織論的研究』（戸部良一

ほか、中公文庫）には、日本軍が「不確実性が高く不安定かつ流動的な」危機に弱いと書かれています。

こうした不測の事態に弱い理由のひとつには、日本の教育のまずさが挙げられます。軍人を養成していた戦前の陸軍大学校や海軍大学校をはじめ、日本の教育ではいまでも、「必ず正解がある」ことを徹底的にたたき込んでいます。そして優秀な生徒ほど、どんな答えが求められているのかを瞬時に察知します。

偏差値が高い東京工業大学の学生を見ていても、彼らは小学生の頃から無意識のうちに先生が求めている答えを探し出し、その「正解」を答えることで先生に褒められる、という成功体験をくり返してきたんだろうなと感じます。そのうち、求められている答えは何だろうかということを忖度《そんたく》する能力が、どんどん身につくのです。

また大学受験の予備校は、〝実践的な〟解答法を教えます。たとえば大学入学共通テストの「国語」では、本文を読む前に設問から読ませます。そして「著者の主張を次の五つの選択肢の中から選べ」というときには、明らかにこれは常識的には正解にならないという選択肢をまずひとつ消去し、残りの四つのどれが正しいかと考えてから、おもむろに本文を読み始めると効率よく答えられる、などと教えます。

結果的に、「本文で著者が言いたいことは何だろう」と自分の頭で考えるのではなく、「設問作成者は、どれを正解としているのかな」と忖度をする力がついていくのです。

予備校の仕組みも、この風潮を助長しています。受験生からの評判がいい予備校講師は給料が高くなり、悪い講師はすぐにクビになります。受験生にじっくりと考えさせる講師は、「自分の頭で考えなきゃいけないじゃないか、疲れるじゃないか」と生徒たちからの評価が低くなり、すぐに解き方と答えを教える講師は、生徒たちから「なるほど、わかりやすい」と高く評価されます。そのため、「クビになりたくない」とすぐに解き方と答えを教える講師が増えていく構造になっていると言われています。

そうやって、学校や予備校などで「問題には正しい答えがある」ということがたたき込まれる。そして大学に入った途端、「研究というのは、そんな簡単に答えなんか見つからないよ」と言われ、途方に暮れてしまう。

社会に出てからも、正解はない、いろいろな判断ができる、という不安定な状況で「あなたはどう考えますか、どう行動しますか」と問われると、不安で不安でしょうがなくなる。つまり、危機に弱い、ということになるのです。

いろいろな角度からの問いの立て方、問題の解決の仕方を身につけてきていないため、

「思考停止」になる。これは軍の将校幹部を養成していた頃からいまの学校教育まで、改善できていない欠点です。

小学生はまだ仕方がないかもしれませんが、中学や高校のときに、「この問いには必ず答えがあると思うかもしれないけれど、実はそうじゃなくて、『答えがない』という答えかもしれないんだよ」という考え方を教えるほうが、実はとても大事だと思っています。そこで自分はどう考えるのか、ということを考えさせる。指導する側の先生はとてつもなく大変ですが、こうした教育が必要なのです。

一〇〇年近く改善されなかった避難所でのごろ寝

思考停止で言われたことしかできない、不測の事態に弱いという、情けない状況が日本で戦後七〇年以上も続いてしまった理由のもうひとつには、日本は戦後、幸いなことに、本当に危機的な状況に陥ることが少なかったということが挙げられると思います。

国民すべての安全にかかわる新型コロナウイルスのような命の危機は、戦後これまでほとんどありませんでした。

地震や水害が起これば、小中学校の体育館が避難所となり、みんなそこで床にごろ寝をします。二〇一一年に東日本大震災が起きたとき、三月の東北でしたから、寒く空気の乾燥した体育館内で、インフルエンザの感染が広がってしまいました。それでも「みんなでごろ寝をしたら、流行するのは仕方ないよね」で終わってしまっていました。

それが今回、新型コロナの流行で、もしいま災害が起きて従来の避難所にみんなが避難したら感染が広がる事態が想定されるようになって初めて、「体育館にごろ寝って、そもそも衛生的じゃないし、非人道的じゃないか」という議論が出てきました。避難所でももっと人間的な暮らしができないといけないと、段ボールベッドを用意し、家族ごとにカーテンで仕切ってプライバシーを守ることが、ようやく実施されるようになりました。

あるテレビ番組で紹介しましたが、体育館でのごろ寝という避難生活の様子は、一九二三年の関東大震災で焼け出されて避難した人たちを写した写真とほとんど同じでした。一〇〇年近く経つというのに、避難所の光景というものがまったく変わっていなかったのです。

新型コロナで危機的な状況になって、対策をとらなければいけないという気運が高まりました。しかし逆に言うと、何か危機的な状況が起きて初めて「何とかしなければいけない」となるのは、本当にその場しのぎでしか考えていない、という日本の状況を表しています。

大災害時にルールや前例をどう考えるか

災害が起きると、災害派遣といって、自衛隊が出動する仕組みがあります。ところが、一九九五年の阪神・淡路大震災が起きたとき、なかなか自衛隊が出動しないということがありました。

当時、社会党の村山富市総理には、自衛隊を出動させるという発想自体がなかったのです。さらに、警察庁から出向していた総理秘書官が危機管理を担当し、本来はその人が「総理、ここは自衛隊の出動を」と声をかける役目のはずが、そのときに限って九州の実家の法事に行っていて不在でした。結果的に村山総理は、他の閣僚たちとともにいつもどおり閣議を開き、NHKの中継を見ながら「大変じゃのう」などと言っていました。

総理大臣が出動要請をしなかったとしても、都道府県の知事が自衛隊の出動を申請することができる決まりもあるので、兵庫県知事が申請してもよかったのです。しかしあのとき、高速道路が倒壊したり、道路が破損したりと甚大な被害を受けていたため、兵庫県知事は職員が車で迎えにくるのを官舎で待っていました。結局、総理も知事も、自衛隊に出動要請をしないという状況でした。

兵庫県内にも自衛隊の一部の部隊が駐屯していて、周囲の被害がひどい有様を見て、これは出動しなければいけないと考えていました。

しかし要請がないまま、自衛隊が勝手に自らの判断で出動することはできません。戦前の五・一五事件や二・二六事件などの反省で、軍部が勝手に動いてはいけない、「文民統制」として軍人ではない政治家、総理大臣か都道府県知事の要請を受けて初めて自衛隊が出動できる、というルールになっていたからです。

兵庫県の部隊の指揮官は、ルールを守ってヤキモキしながら、とりあえずできることとして、周囲の調査活動をし、行動計画は立てましたが、出動要請がないために待機をしていました。

発災から四時間ほど経った午前一〇時頃、たまたま兵庫県の防災担当者から電話がかかってきたので、自衛隊のほうから「この連絡をもって災害派遣要請としてよろしいか」と訊ねます。そこで初めて兵庫県の担当者が、誰も出動要請をしていなかったことに気がついたといいます。

こうして自衛隊の出動が、非常に遅れてしまいました。その結果、これを教訓に、大災害が起きたときに関しては、自衛隊独自の判断で出動することができるようにルールが変わりました。

あるときには合理性をもってできたルールが、その後現実にうまくいかなくなったとき、臨機応変に考えることが日本人は苦手です。「ルールや前例を守らなければいけない」ということに囚われがちな姿勢が、日本社会のあらゆる不具合につながってきているのかなと思います。柔軟に自分の頭で考えることができなくなっているのです。

「いまさらやめられない」という結論に走る日本人

日本軍の敗戦理由を、別の新たな視点で指摘した『組織の不条理——日本軍の失敗に学ぶ』（菊澤研宗、中公文庫）という本があります。これまでに投じたコストや時間を考えるといまさら引き返せない、これまでやってきたことを踏襲するほうが合理的だという「限定合理性」を日本軍は重視していて、各論は合理的だが総論では非合理的な行動をとっていた、というものです。

新型コロナの感染が収まらない状況で、東京オリンピックを二〇二一年に強行したのも、この「限定合理性」論理で説明がつきます。

そもそも大会組織委員会は、オリンピックを開催するための委員会です。その組織の中で

「パンデミックの最中には、とても開催できないんじゃないですか?」などと言おうものなら、お前は何のためにここにいるんだ、この組織から出ていけ、という話になるのは当然です。そういう空気の中で何も発言できなくなってしまう。それゆえ組織委員会においては、「オリンピックは開催するのが当たり前だ」「大変な労力を使ってやっとの思いで東京に招致したんだから、いまさらやめられない」という限定合理性に走ったということです。

だからこそ、オリンピックをやるかどうかということは、本来組織委員会に判断させてはいけないし、判断できるわけがありません。さらに言えば国際オリンピック委員会(IOC)も、オリンピックを開催しないとアメリカのテレビ局NBCからの中継料が入って来ず、組織運営ができなくなるのですから、何が何でもやるんだということになる。

菅総理や小池都知事は「開催するかどうかは、IOCが判断しますから」と責任逃れをしましたが、それはすなわち、必ずやるという結論になります。

全体を見渡した上での合理的な判断ができず、いまさらやめられない、とにかくやるんだという限定合理性に走った結果、多くの国民が心配していたオリンピックに突入していった、ということです。

二一年七月二三日に開会した東京オリンピック・パラリンピックは、六月に実施された世論調査で、朝日新聞（一九、二〇日実施）の結果が「今夏に開催」三四%、「再延期」三〇%、「中止」三二%で、読売新聞（四～六日実施）の結果が「開催」五〇%、「中止」四八%と、世論が二分されていました。その後七月八日に一都三県での無観客開催が決定し、いざオリンピックが始まるとそのお祭りムードの中で、東京都では新型コロナがかつてない感染の広がりを見せ、第五波で医療崩壊が見られました。

結果論となってしまいますが、当初六月中と想定していた希望者全員へのワクチン接種完了がどうも間に合いそうにないということであれば、二一年初めの段階で「オリンピックはやはりあと一年延期します」という判断もできたはずです。そうすれば、オリンピック開催のために春先に緊急事態宣言の発出が遅れたり、六月に早めに解除してしまって七月に感染爆発が起きたりすることもなかったのではないかと思います。

確かにアスリートには、それぞれの旬の時期がありますから、さらにもう一年延ばすと出場が難しくなる人がいるという指摘は、そのとおりです。でもそれを言えば、本来の二〇年に旬を迎えていた人たちで、一年延期したことで出場できなかったアスリートもいたわけです。冷静に判断して「あと一年、もう一度延期します」と言っていれば、みんなが歓迎し祝福するオリンピックができたのではないかな、と悔やまれます。

精神論で突っ込んでいくのはいまも変わらない

精神論、とりわけ「大和魂」という言葉は、太平洋戦争の頃から随分使われるようになりました。「鎌倉時代に元寇《げんこう》、モンゴル帝国の襲来が二度あったけれど、『神風』でこれを追い払ったんだ、日本は神国だ」という伝説が作られてしまったのです。この神風も、歴史的に検証すると必ずしも暴風雨がきたわけでもなかったという説が、近年出てきているのですが。

あるいは、「精神一到何ごとか成らざらん」という朱子学の書物に出てくる言葉も、江戸幕府が朱子学を武士に推奨していたことから、江戸時代以降大いにもてはやされました。精神を集中してことにあたれば、何ごともできないことはない、という意味です。これによって精神論が蔓延してきたのです。

客観的にどう見ても不利だ、それでも突っ込んでいくんだというときに、精神論が鎌首をもたげてくるのです。

あれだけ豊かで物量のあるアメリカと開戦してしまった、太平洋戦争がそのいい例です。アメリカを知っていれば、俯瞰的に見て、日本がそれほど長く戦えるはずはないことはわかっていました。

元東京都知事で作家の猪瀬直樹氏による『昭和16年夏の敗戦』（中公文庫）という本に詳しいのですが、現役の軍人であり内閣総理大臣の東条英機が昭和一六（一九四一）年夏、特に優秀な官僚を集めて、「もしアメリカと戦争をしたらどうなるのか」を分析させました。

日本やアメリカの公表している統計データだけで見ても、日本は開戦直後であればインドネシアから石油を運ぶことができるけれど、そのうちにアメリカ海軍の力によって日本のタンカーが次々に沈められていき、まもなく日本に石油が届かなくなり、最終的に日本は敗北に陥る、という予測がまとまりました。これは見事に太平洋戦争の経過を予測したものでした。実際そのとおりに戦況は推移します。

それだけ日本には優秀な官僚たちがいたということですが、夏の段階で東条英機にこれを提出すると、「わかった。しかし、いまさら止められない」と言ったというのです。

開戦したら敗北するとわかっているのに、開戦不可避という空気に支配されたとなると、あとは精神論しかなくなります。不利な状況なのに、それでも精神論で行くんだ、とにかく頑張れば何とかなる、と考える。

『暁の宇品《うじな》――陸軍船舶司令官たちのヒロシマ』（堀川恵子、講談社）では、船舶数の不足など現実のデータを次々と無視し、「何とかなる」と開戦へ強引に突き進んだ参謀たちの様子が克明に描かれています。

たとえば昭和一六年に実際に新造された船が計二四万トンだったのに対し、陸軍の一七年の造船見込みは年四五万トンと、それだけでも無謀であったのに、海軍から年間の船の損害見込みが「（開戦）第一年八〇万トン、第二年六〇万トン、第三年七〇万トン」と出てくると、陸軍は造船見込みを急に「第一年五〇万トン、第二年六〇万トン、第三年七〇万トン」という、信じられないほど楽観的な数字にしたのです。「何とかなる」と帳尻合わせをしたのでしょう。

当然、造船は間に合うはずもなく、さらにはこの架空の数字で作戦も計画されたのですから、たまったものではありません。

こうした日本人の「精神論で突っ込んでいく」考え方は、太平洋戦争の敗北によってなくなったかと思いきや、いまだにいろいろなところで見られる傾向です。特に古い体質の企業では、合理的な根拠が何もなくても「精神力で頑張れば何とかなる、競合相手にもきっと勝てる」などと考える傾向が強いようです。

私の学生時代、運動部はそういう精神論に支配されていました。私は中学校で陸上部に入っていたのですが、科学的根拠もなく当時は運動中の水分補給が体によくないと信じられていました。「練習中に水なんか飲んじゃいかん」と教師や先輩から言われ、そういうものなのかな？　と思って必死に我慢し、練習が終わる頃にはのどがカラカラで、水道まで走って行って蛇口に口をつけてガブガブと水を飲んでいました。

そのうち、熱中症予防のために水分補給が必要だとされましたが、あの指導は何だったのかと思います。ひたすら精神論が横行していて、倒れようものなら「お前は精神がなっとらん」と叱咤《しった》される。そうやって精神論をたたき込まれた世代がいまの社会で主流ですから、いまだに若者が何か弱音を吐くと「なっとらん」と怒る。そういう精神論がずっと続いてきています。

オリンピックに関しても、元総理で東京オリンピック・パラリンピック競技大会組織委員会前会長の森喜朗氏が、安倍晋三氏が総理大臣だった頃の会話を暴露しています。

二〇二〇年三月、新型コロナの影響でこの年の夏のオリンピック開催はできそうもないという状況で、森さんは「二年後に延期したらどうか」と提案をしました。しかし安倍さんは自分の自民党総裁任期（二一年九月）が念頭にあったのか、「いやいや、一年後にやるんだ」と決めたといいます。「日本が新型コロナのワクチンを開発すればいいんだ、日本の技術力に期待しようじゃないか。だから一年後なんだ」とあまりに強く言うので、森さんは折れたと語っています。

何の目途も立っていない二〇年春の段階で、「日本製のワクチンは必ず年内にできる」と言った安倍さんは、精神論そのものです。当時はそもそもワクチンを作るには、七年から一〇年かかると言われていました。mRNAというこれまでにないまったく新しい技術を使ったファイザーやモデルナのワクチンすら、完成していない頃のことです。そして本書執筆中の二二年冬になっても、日本製のワクチンは完成していません。

「言霊信仰」がプランBという発想を嫌がる

精神論は江戸幕府によって増幅されたようですが、もともと日本には、言霊《ことだま》信仰というものもありました。言霊信仰は奈良時代までの歌を収めた現存する最古の和歌集『万葉集』にも登場する、古くからある日本人らしい考え方です。

しきしまの　倭《やまと》の国は　ことだまの　たすくる国ぞ　まさきくありこそ

という柿本人麻呂《かきのもとひとまろ》が詠んだ歌は、長旅に出る人への送別の歌です。「日本は『言霊』によって守られている国です。だからあなたにあえて言います、どうぞ道中ご無事で」という意味です。普通にただ「いってらっしゃい」と言うだけではなく、『道中ご無事で』という言葉をあえて発することで、その言霊によって相手の安全を守る」という言霊信仰は、実は『万葉集』の時代から受け継がれているということです。

この和歌の逆の意味で、すなわち「不吉なことを言うと、それが実現してしまう」という言霊信仰も、脈々と受け継がれています。そのためにプランBを作らない。計画段階で「もしこれがうまくいかなかったらどうするの？」とでも言おうものなら、「そんな不吉なことを言うな」となる。

たとえば学生が学園祭の準備で屋外での展示を考えているときに、「雨が降ったらどうするの？」などと言うと、「なんて不吉なことを言うんだ」と非難される。当日、本当に雨が降ると「お前があんな不吉なことを言ったからだ」と、万一に備えて問題提起をした人の責任にされてしまったりするわけです。これでは万一に備えることも言えなくなっていきます。

こういう精神論文化が脈々と、実はつながっていて、合理性に欠ける「思考停止」を引き起こしてきたのだと思います。不都合なことは考えたくない、失敗したらなんて考えたくない。考えたくないことは考えないんですね。

こうした問題の一因には、先述したように、これまでの知識偏重教育、正解を求める教育があります。教育現場もこれを問題視して対応を進めていて、いままさに、思考力を重視する教育へと変化しようとしています。

そこで次の第2章では、二〇二二年度から大きく変わる高校の社会科について、どういう点がどういう理由で変わるのかを紹介します。

続いて、その教科書の内容を題材として、紙上模擬授業を行います。

社会科は、複雑な現代社会のありようを知るために最適な科目です。これまでとは一味違ったものの見方、社会の見方をする練習ができるでしょう。

第2章

自分の頭で考える授業

——さあ、一緒に考えましょう

1　大きくリニューアルした高校「社会科」の狙い

知識偏重から思考力重視へ

「自分の頭で考える」ことの大切さは、私が言わずとも、教育現場でも実社会でも長らく強調されてきていることです。それでもいまだに強調されるということは、つまり「自分の頭で考える」ことが苦手だという人が、非常に多いからです。それはこれまでの日本の学校教育が、「考える訓練」を中心に据えず、「先生から教えられたことを、素直に聞く」子を育てようとしてきたからでもあります。

グローバル化が加速度的に進み、経済から食料問題、感染症まで、世界で何か起これぱすぐ自分たちの生活にも影響するようになりました。デジタル化の推進で、働き方もがらりと変わりました。このような不確実性の高い現代社会を生き抜くためには、丸暗記をしたり、人に流されたり、思考停止で放心したりするのではなく、自分の思考力を駆使してどんな局面も乗り切っていくことが必要になります。

こうした観点から近年の学習指導要領は、「生きる力」をつけること、また「アクティブ・ラーニング」で「主体的・対話的で深い学び」を行うといった方針を打ち出し、教科書や授業の内容は大きく変わりつつあります。

その一環として、高校の社会科科目（正確には「地理歴史科」と「公民科」）の学習内容も、二〇二二年度から二八年ぶりの変化を遂げます。では具体的に、どう変わったのでしょうか。

これまでの社会科は、大まかに言うと、「世界史」と「現代社会」（または「倫理」と「政治・経済」のセット）が必修で、それに加えて「日本史」または「地理」のいずれかを選択する、というものでした。これが二二年度から、「地理総合」と、世界と日本の近現代史を中心とした「歴史総合」、さらに「現代社会」がリニューアルされた「公共」、この三つの科目が必修となります（一八年三月告示の学習指導要領にもとづく）。なお「地理」が必修科目となるのは、実に四九年ぶりのことです。

高校の必修科目は、折に触れて変化してきました。私が都立高校に通っていた一九六〇年代は、日本史、世界史、地理、政治・経済、倫理・社会がすべて必修でした。また文系であっても、理科は、物理、化学、生物、地学がすべて必修でした。これでは生徒の負担が大きすぎると、時代ごとに見直されてきたのです。社会科だけに焦点を当ててみても、次のような変遷をたどっています。

- 一九七〇年告示の学習指導要領（七三年度高校入学生より実施、現在の六四歳以下〈二〇二一年度の年齢。以下同じ〉）「政治・経済」と「倫理・社会」が必修、「日本史」と「世界史」と「地理」は、三科目のうちの二科目を選択し必修。
- 七八年告示の学習指導要領（八二年度実施、五五歳以下）必修科目が大幅に減少。社会科は新設された科目の「現代社会」のみが必修。
- 八九年告示の学習指導要領（九四年度実施、四三歳以下）社会科は「地理歴史科」と「公民科」に分かれる。地理歴史では「世界史」を必修とし、「地理」と「日本史」はどちらかひとつを選択。公民では、「現代社会」または「倫理」と「政治・経済」のセット、そのどちらかを必修。これが二〇二一年度まで続く。

必修以外の科目も積極的に教える高校もごく一部にあるものの、結果的に、現役世代のほとんどは「世界史」「日本史」「地理」のいずれかを学ばないままで大学に行ったり、社会に出たりしています。しかしその弊害が徐々に明らかになり、今回、必修科目の変更という大胆な転換が図られました。現役世代のあなたも、いまこそ改めて教養としての社会科を学び直す必要が出てきています。

地政学が学べなかった「地理」の教科書

では、社会科で学ばなかった科目があることの弊害とは、どんなものなのでしょうか。

まず地理に関しては、世界の国々や日本の各都道府県がどこにあって、どんな特徴があるのかもわからない、という人が増えました。

たとえば、民放のクイズ番組で日本列島の四七都道府県の白地図を見せて「ここは何県でしょう」という問題を出すと、答えられない人が続出します。ある番組では、正答率が最も低かった都道府県は佐賀県でした。

これらは小中学校で習う内容ではありますが、高校で地理を学ばないことで、すっかり忘れてしまう人が増えているのではないかと思います。

他には一九九〇年、イラクがクウェートに攻め込み、翌九一年には米欧を中心とした多国籍軍によるイラク攻撃が起き、湾岸戦争が勃発したときのこと。国会では、日本の自衛隊をイラクに派遣するかどうかの議論が交わされていました。

そこでテレビの討論番組で政治家を集め、放送局側が白地図を見せ、「イラクがどこにあるかわかりますか？」と質問したところ、なんと政治家の全員がイラクの場所を答えられなかったのです。「イラクに自衛隊を出すべきだ」と言っていた自民党の議員さえもです。地理を学んだはずの人ですらこうです。いくらなんでも、地理を軽視しすぎではないかと思ってしまいます。

こうした反省を踏まえて復活する「地理総合」では、地形や気候だけではなく、政治的な位置づけも含めた地理学を学ぶことになります。

最近は「地政学」という、地理と政治の関係の見方・考え方が、改めて注目されています。たとえばそれぞれの国が、周りを海に囲まれていて「シーパワー」を持つ海洋国家なのか、反対に「ランドパワー」を持つ大陸国家なのか、その地の利にはどういう意味があるのかなどを考えるのが、地政学です。

日本でも戦前に大流行した地政学ですが、世界では特にナチスドイツが戦争に悪用しました。ドイツは陸続きでさまざまな国と国境を接しているため、大陸国家に当たります。地政学において大陸国家は、他国を侵攻しやすい反面、他国から侵攻もされやすいため、「侵攻されないために、先手必勝でこちらから侵攻する」と考える傾向があるとされます。

ナチスドイツは一九三九年、第一次世界大戦の敗北によって失った自由都市ダンツィヒの返還と、ポーランドを挟んで飛び地となってしまった東プロイセンとドイツ本土とのあいだに治外法権の道路を建設することを、ポーランドに対して要求しました。そして回答期限までに回答がなかったとして、ポーランドに攻め込み、第二次世界大戦が始まりました。

その直前、ドイツとソビエト連邦（現在のロシア）は「独ソ不可侵条約」を締結し、秘密議定書でポーランドの西側三分の一をドイツが、東側三分の二をソ連が占領することを、あらかじめ決めてしまいました。

冬に北極海が凍ってしまうソ連は、地政学ではドイツと同様大陸国家に分類されます。「凍らない港」を求めて領土を南に広げたい、という地政学的戦略があり、ベラルーシ・ポーランド・ドイツを通って海に出る「ヨーロッパ陸ルート」が欲しかったのです。そうして東西両側から、ドイツとソ連はポーランドを攻撃し、ポーランドは全土を占領されてしまいました。このようにして地政学という学問が、戦争に悪用されたのです。

そこで太平洋戦争後、日本を占領・管理したＧＨＱ（General Headquarters、連合国最高司令官総司令部）は地理という教科から地政学的な要素を排除し、きわめて理科的なこと、たとえば川から土砂が流れてきて扇状地ができるだとか、熱帯雨林気候では一年を通して降水量が多いだとか、政治にまったく関係のない内容だけを教えるというふうに変わりました。

しかしいま、世界情勢が大きく変わっていく中で、やはり地理は政治を抜きに論じ得ないという考え方に戻ってきています。地理は、環境や気候、人口、産業などだけでなく、政治、民族、宗教、歴史なども総合的にかかわってくる教科です。地理は「地球上の理《ことわり》」を考える学問なのです。

実は私は地理が大好き。高校の部活動では「地理歴史研究部」に所属し、放課後も大いに地理について学んでいました。

「歴史総合」で近現代史が重視されるわけ

次に日本史に関しても、高校時代にしっかりと学ばなかったことで、日本でいま起きていることとの歴史的背景の知識がまったくない、さらには外国の人たちから日本の歴史について質問されても答えられず「お前、本当に日本人か」などと驚き呆れられてしまう、という笑えない話があります。

一九九四年度より実施された学習指導要領では、「これから日本人もどんどん海外へ出て活躍するだろう、海外の人たちとつきあうためには当然、世界史の知識がなければいけない」という理由から、世界史が必修科目とされました。

しかし世の中が実際にグローバル化し、国境を越えた交流が活発になっていくと、グローバルな人材になるには世界の歴史だけでなく、自国の歴史も知っておかなければいけない、それ抜きに外国の人とはつきあえないのだということがよくわかったのです。

私たちは日本で、「政治や宗教の話は、他人とするな」などと言われて育ち、親しい間柄になってもそういう話題にはなかなか触れません。しかし海外では、さすがに初対面からではないものの、親しくなってくるとごく当たり前に政治や宗教の話題が出てきます。歴史を学ぶことで、自分の国と相手の国の、政治や宗教への理解度が違ってきます。

特にアメリカの大学に留学すると、いろいろなテーマで討論をすることになります。留学先には中国や韓国からの留学生もたくさんいて、歴史に関する討論のときに「日本は過去にひどいことをやってきたじゃないか」とまくし立てられる場合があります。まったく知識を持っていない日本の若者は、何も太刀打ちできないどころか、相手に言い負かされ、涙を流して「ごめんなさい」と許しを請う、などということもあると聞きます。

もちろん日本は過去に周辺国に迷惑をかけてきましたから、追及されても仕方のない部分もありますが、日本には日本の外交上の理屈もあり、過去に謝罪もしてきました。そういうことも知らないまま、一方的にやり込められるのはいかがなものかと考えると、やはり近現代史をしっかりと学び、現在につながる国際情勢を理解しようということになったのです。

中国も韓国も、若者たちは徹底的に自分の国の近現代史を学びます。中国では、一八四〇〜四二年のアヘン戦争で当時の清《しん》王朝が敗北し、不平等条約によって香港の割譲や開港、賠償金の支払いなどを余儀なくされたこと、一九〇〇年の民衆蜂起「義和団事件」が日本・ロシア・イギリス・アメリカなどの八ヵ国共同出兵により鎮圧されたことなど、いかに列強諸国からの介入によって領土や統治権、金銭などを奪われ続けてきたかという「屈辱の歴史」についてたたき込まれます。そして「経済成長をしたいまこそ、これまでの屈辱を晴らすときだ」と意気軒昂です。

中国共産党としても、「一帯一路」構想を推し進めています。「一帯」とは、中国西部から中央アジアを経由し、ヨーロッパへ至るシルクロードの陸上ルート、「一路」とは、中国沿岸部から東南アジア、アラビア半島を経由し、ヨーロッパへ行く海上ルートのことです。陸上と海上の両ルートを確立して、世界第三位の広大な国土を持つランドパワーの国・中国が、シーパワーも手に入れようとしているのです。

韓国の場合は、一九一〇年の韓国併合によって日本の植民地となった時代にどんな苦難の道を歩んだか、ということを徹底的に学びます。竹島問題や徴用工問題、慰安婦問題などが再燃したりするたびに、韓国国内では反日感情が高まります。

ところが日本ではこれまで、近現代史が軽視されてきました。世界史も日本史も、古代から順に教えていって、現代史まではたどり着かないまま授業時間が足りなくなり、切り上げてしまうという状況が多くの高校で見られました。二〇〇五年度の国立教育政策研究所による調査では、調査時点までに世界史Ｂで「米ソ冷戦と第三勢力」について教えた教師は全体の四八・三％、日本史Ｂで「第二次世界大戦と日本」について教えた教師は全体の五五・二％と、約半数しかいないという結果が出ています。

これから学ぶことになる「歴史総合」では、日本史と世界史が一体となった近現代史を教えることになりましたが、これまで海外で「世界史と日本史で、別々の授業がある」と言うと、ヨーロッパの人たちはびっくりしたものです。

ヨーロッパでは、「世界史とドイツ史」「世界史とフランス史」などはなく、「歴史」という教科の中で自分の国の歴史も学ぶため、「歴史はひとつだろう」という認識を持っています。考えてみれば、ヨーロッパはほとんど陸続きですし、いろいろな国のそれぞれの王家が縁戚関係を持ってきたので、自分の国のことだけでは論じられないわけです。日本もそれに倣うことになったのです。

世界史と日本史を別々の縦軸で学んでいると、「フランス革命が起きたとき、日本は何時代だったっけ」「明治維新が起きたとき、欧米では何が起きていたんだろう」ということが、全然わからなくなってしまいます。時代ごとという横軸で地球上を俯瞰して、全体像を学ぶことも必要だということで、「歴史総合」が誕生しました。

GHQの占領政策で歴史観をなくした「日本史」

先程触れたように、戦後の日本の教育には、GHQの意向が大きく反映されていました。特に社会科は、地理や公民、また何よりも日本史で、政治的な内容の排除が図られました。

戦前の日本史は「国史」と呼ばれ、「皇国史観」で成り立っていました。日本国は神の国であり、天皇は神の子孫であるといった神話が描かれている、奈良時代に成立した『古事記』『日本書紀』を、あたかも歴史的事実であるかのように捉える、非科学的かつ独善的な自国中心の歴史観です。GHQは、この皇国史観こそが軍国主義教育の根幹をなすイデオロギーだとして、徹底的に排除しようとしたのです。

しかし歴史を学ぶには、何らかの歴史観が必要になります。歴史は、出来事と出来事のあいだにある因果関係や、人物の行動の動機などの積み重ねで形成されていますが、そうしたストーリー性を教科書に盛り込もうとすると、どうしても歴史観が必要になるのです。皇国史観を一切否定するとなると、さあどうしようかということになります。

当時、ソビエト連邦などの東側諸国では「唯物史観」が隆盛でした。マルクスとエンゲルスが確立したもので、生産力と生産関係の矛盾が社会発展の原動力であり、すべては階級闘争によって歴史が築かれてきたという歴史観です。しかしそうした社会主義陣営による唯物史観で日本史を教えることもできません。

そのため結局、日本史の教科書も授業も、ＧＨＱから文句がつかないように「ただ事実を羅列するだけ」という手法を採用しました。地理や公民も同様です。こうして社会科が、「単なる暗記科目」「面白くない」、ひいては「嫌い」と生徒たちから思われるような科目となってしまったのです。

私は東京工業大学や立教大学で世界の現代史を教える際、それなりのストーリー性を持って話しています。すると学生たちは「中学や高校のとき、歴史は暗記科目だと思い込んでいた」と口を揃えます。「歴史がこんなに面白いものとは思いませんでした」とわざわざ言いに来てくれた学生もいました。

歴史には、因果関係や動機、さらには「作用・反作用」という力学も働いています。一般に「作用・反作用の法則」とは、物理学でいうニュートンの「運動の第三法則」で、「物体がほかの物体に力を及ぼすとき、ほかの物体から同じ大きさの逆向きの力を受ける」という法則のことです。たとえると、こういう出来事があったから、それに対する反発で別の出来事が起き、さらにそれに対する反作用としてまた別の出来事が起きるといったことです。作用・反作用などの表現で歴史という人間の営みを語ると、理系の東工大生には響くわけです。

やはり本来、「歴史教育」には歴史観やストーリー性が必要なのです。「人間っていつの時代もこうなんだな」といった、歴史上の人物の人間性がわかると、学生も歴史を面白く感じることができるはずです。しかしそのためには、語り手の個人的な歴史観がどうしても忍び込んできてしまうというジレンマがあります。

『新しい歴史教科書』が唱えた「自虐史観」

このように戦後、教科書から歴史観を排除してきた反動として、「新しい歴史教科書をつくる会」という団体が一九九七年にできました。戦後の日本史教科書の記述は、日中戦争や南京事件、慰安婦問題などについて日本の戦争責任を認めるようなことを書いている、これは「自虐史観」だ、と新しい言葉を作り出して批判し始めたのです。そして「自虐ではいけない、日本という国は素晴らしい」という歴史観での、日本史と公民の教科書を作ろうとしました。

そうして二〇〇〇年にできた教科書は、文部省（現・文部科学省）による教科書検定で『新しい歴史教科書』に一三七項目、『新しい公民教科書』（ともに扶桑社）に九九項目にも及ぶ「検定意見」がつき、書き直しを命ぜられました。修正の結果、この二冊は〇一年に検定に合格しました。

私もこの中学校向け『新しい歴史教科書』を読んだことがあります。驚いたのは、日本が太平洋戦争を始めた一九四一年一二月八日、海軍が真珠湾を攻撃し、陸軍がマレー半島に上陸したときの表現です。

『新しい歴史教科書』は「(真珠湾攻撃と) 同じ日に、日本の陸軍部隊はマレー半島に上陸し、イギリス軍との戦いを開始した。自転車に乗った銀輪部隊を先頭に、日本軍は、ジャングルとゴム林のあいだをぬって英軍を撃退しながら、シンガポールを目指し快進撃を行った」「結局一〇〇日ほどで、大勝利のうちに緒戦を制した」「数百年にわたる白人の植民地支配にあえいでいた、現地の人々の協力があってこその勝利だった」などと記載しています。

日本軍は、マレー半島のジャングルを大勢の兵士が移動するだけの戦車や車両を大して持っていなかったので、自転車で移動したにすぎないのですが、それを「銀輪部隊」と格好よく表現し、「快進撃」「大勝利」と大げさな言葉で、日本軍の勝利を強調しています。この日本軍の行動は、東南アジア諸国への侵略、占領です。他の教科書が「占領」という言葉を使って説明している中で、占領という言葉を使わず、日本軍の行為を正当化しています。

新しい歴史教科書をつくる会の教科書は、さすがに「皇国史観」とまではいきませんが、「日本は正しかった歴史観」とでもいうような歴史観で全編を記述していました。こんな教科書が本当に出るのかと驚いたものです。

さすがに『新しい歴史教科書』の採択率は〇・〇三九％と非常に低いものでしたが、日本書籍の教科書採択率が激減し、東京書籍のそれが激増するという事態が起きました。

日本書籍の教科書は、南京大虐殺や従軍慰安婦の問題をしっかりと書いていたので、自虐史観だと槍玉にあげられてしまったのです。それまで日本書籍は中道左派、東京書籍は中道右派とみなされていましたが、「新しい歴史教科書をつくる会」が登場した結果、東京書籍が中道のように、そして日本書籍がものすごい左派に見えてしまったのです。結果、日本書籍は二〇〇四年に倒産してしまいました。その後「日本書籍新社」として再建しましたが再び倒産しています。

こうした政治的な動きもかかわり、日本史をはじめとした社会科の教科書作りは非常に難しいバランスが必要になっているのです。

イギリスの市民教育に影響を受けた「公共」

また二〇二二年度からは、「現代社会」という教科が「公共」へと新しくなります。選挙権の年齢が引き下げられ、二〇一六年六月の選挙より、満一八歳、つまり主に高校三年生で誕生日を迎えた人たちから投票ができるようになりました。それでも若者の投票率は上がりません。そこで、高校の授業で政治の仕組みを教えるだけでなく、「君たちがこれからの世の中を動かしていくんだよ」ということを教えなければいけないのではないか、市民としての責任や役割を教えていかなければいけないのではないかということで、リニューアルされることになったのです。

これはイギリスの市民教育の影響を受けています。イギリスでは「よき市民になるために」「社会の中であなたは何ができるか」「あなたができることを答えなさい」といった有権者教育を行っています。それを参考に日本でも教えようということで、「現代社会」に「平和で民主的な国家や社会の形成者に必要な資質や能力を養成する」という視点が加わり、「公共」という科目になったのです。

ちなみに日本は、海外の教育手法をよく参考にしています。たとえばいま、小学一年生と二年生は「社会」と「理科」という科目を分けず、「生活」という科目を学んでいます。これはフィンランドの教育を取り入れたものです。小学一年生や二年生の頃はまず自分の身の回りのことを観察し、そこからいろいろなことを学んでいきましょうという教え方をしています。

たとえば、「生活」の授業時間には学校探検を行います。次に学校の近くの公園へ行くまでのあいだ、道路を歩き、横断歩道を渡りながら、交通ルールを学び、公園ではそこに生えている木や草について学びます。みんなが放課後に乗る自転車は、足でペダルを漕ぐと、どのように力がかかって車輪が回っていくんだろうという、そのメカニズムも学びます。商店街に行って、ものの売り買いの様子、地域づくりについて学びます。こうして自分たちの身近なところから、学びの対象を広げていくのです。

2 「地理総合」は思考力の基礎知識がつき、社会人も必読

高校の社会科は、必修科目の変更に加えて、授業内容も二〇二二年度から大きく変わる予定です。長年にわたり暗記科目と認識されてきた社会科も、暗記一辺倒から脱却し、思考力を鍛える科目として生まれ変わろうとしているのです。

これからの社会科では、どのような授業が行われるのでしょうか。「主体的・対話的で深い学び」としての社会科とは、どういうものなのでしょうか。

そこでここからは、新たな社会科科目を応用した紙上模擬授業を行います。近年話題のトピックを題材に、自分の頭で考える練習をしてみましょう。

考えるヒント　イギリスはなぜEUから離脱した?

まずは、イギリスはなぜヨーロッパ連合（ＥＵ）から離脱したのか、「地理総合」で取り入れられる「地政学」的観点から考えます。

イギリスは二〇二〇年末、ＥＵからの離脱を完了しました。一六年六月の国民投票で五二

％がＥＵ離脱を支持してから、四年半をかけてようやく実現しました。

これまでの試験勉強なら、この事実のみを覚えるだけでも点数がとれたかもしれませんが、思考力を鍛えるために、その理由や背景について考えてみましょう。

このできごとを地政学の観点から考えると、離脱の理由は「島国だから」です。

第二次世界大戦後イギリスは、失った植民地に代わる市場を必要としたり、旧ソ連の台頭を目の当たりにしたりしたことで、一九七三年、ＥＵの前身であるヨーロッパ共同体（ＥＣ）に加盟しました。イギリス加盟時に九ヵ国だったＥＣ加盟国はどんどん拡大を続け、ＥＵとなり、二〇一三年に加盟国が二八ヵ国にまで達しました。

するとイギリスには、ユーラシア大陸からの外国人移民がどんどん流入してくるようになり、イギリス国民は「移民に仕事を奪われた」と感じるようになっていきました。イギリスは島国で、大陸から切り離された立地ですから、これまで戦争に負けることも少なく、独自に発展してきました。そうして「やっぱり大陸とは別々に歩みたい、ＥＵを抜けてもとの独自路線に戻ろう」という気運が、イギリス国内で高まっていったのです。

イギリスと日本は似ています。同じ「シーパワー」を持つ、海洋国家です。日本に置き換えて考えてみてください。日本も島国で、他国の支配下に置かれることなく、ずっと歩んできました。

しかし今後、たとえば中国や北朝鮮や韓国の東アジア諸国みんなでひとつの連邦、経済圏になりましょう、となったとします。その途端、中国から大量の労働者が日本にやってきて仕事をとられたら、日本人としては「なんだか嫌だ」と思う人も増え、「これまでは日本海を隔ててきたからこそよかったんだ」と考えるようになるのではないでしょうか。そう考えると、イギリスがどうしてEUから離脱したのかという気持ちもよくわかります。

『高等学校　新地理総合』（帝国書院）という教科書ではさらに、イギリスがEUに加盟していたころから「ユーロを導入せずに自国の通貨ポンドを使い、出入国管理を厳しく実施するなど、EU加盟国のなかでも独自の路線を貫いてきた」と説明しています。

ちなみに韓国と北朝鮮は本来、中国大陸と朝鮮半島が陸続きですから、中国とは密接な関係でした。中国の「中華思想」に従い、中国の言うことを聞く「事大主義（小国が大国に仕えること）」で発展してきました。

ところが朝鮮戦争の後、北朝鮮が独立したために現在の韓国は中国とは切り離され、実質的に「離島」状態となり、シーパワー側のアメリカ・日本と協力体制になっています。韓国の現在の情勢は、歴史的には非常に珍しい状態なのです。

考えるヒント　日本はなぜ高度経済成長ができた？

では次に、日本が戦後、アメリカに次ぎ世界第二位の経済大国となるまでの経済成長を遂げられたのはなぜか、考えてみましょう。

日本は石油や鉱産資源に乏しい、資源小国です。戦国時代、日本にやってきて、織田信長や豊臣秀吉にも面会したイエズス会のアレッサンドロ・ヴァリニャーノは、一五八二年、フィリピン総督のフランシスコ・デ・サンデに手紙を送り、「日本は、私がこれまで見てきた中で、最も国土が不毛かつ貧しい故、求めるべきものは何もない。しかし国民は非常に勇敢で、しかも絶えず軍事訓練を積んでいるため、征服が可能な国土ではない」と、資源に乏しい国であること、植民地化は難しいということを伝えていたほどです。

そんな日本でなぜ経済が発展したのでしょう。

そのポイントは、教育水準と人口です。

江戸時代、全国に寺子屋がつくられ、国民の識字率はヨーロッパの先進諸国に劣らないレベルだったとみられています。明治維新の頃、日本の男児の四〇％強、女児の一〇％程度が、家庭外で教育を受け、読み書きができたと推計されています。その全体的な教育水準の高さが、明治期以降急速に西洋の文化や学問、工業技術を取り入れる際、大いに役立ちました。加えて、人口が右肩上がりに増えていったため、同じ業種内に多くの企業が生まれ、国内でおたがいに切磋琢磨《せっさたくま》しながら技術水準を上げていくことができたのです。

また日本は「小さな国」と言われることもありますが、実は国土面積は世界一九六ヵ国中六〇位と、上位三分の一に入る大きさですし、人口は一九五〇年時点で世界第五位でした。二〇二一年現在の日本は人口が減少傾向にありますが、それでも約一億二六〇〇万人で、世界第一一位です。そのため「貿易立国」ではなく「内需依存型」経済で、つくった工業製品は国内で積極的に消費され、経済成長をすることができたのです。

さらに日本はイギリスと同じく、周りを全部海に囲まれている海洋国家で、港があちこちにあり、結果的に、資源の輸入や工業製品の輸出にも非常に有利になっているわけです。

考えるヒント　日本が日中戦争に突入したのはなぜ？

明治維新以降に経済発展を目指す日本にとって、いちばんの脅威はロシアの南下政策でした。ロシアがオホーツク海や日本海から日本を攻めてくると、大変なことになります。そこで日本列島から少し離れたところに防衛線をつくろうと考え、朝鮮半島に進出したことで、日清戦争（一八九四～九五年）、日露戦争（一九〇四～〇五年）が勃発しました。

そしてそれらの戦争に勝利した日本は、一九一〇年に大韓帝国（朝鮮王朝〈李朝〉から一八九七年に改称。現在の韓国と北朝鮮）を併合しました。

さらにロシアの南下を防ぐために、中国東北部に進出していき、一九三二年、傀儡《かいらい》国家・満州国をつくり、事実上支配しました。中国国内の国民党と共産党との内戦に乗じて、さらなる中国への進出を図る中で、三七年、ついに日中戦争へと突入したのです。

これら一連の歴史上の出来事は、日本という島国が「アヘン戦争を機に、欧米の列強諸国から次々に侵攻された清国のようにはなりたくない、自国の国土を守りたい」と考え、通常は大陸国家が抱くランドパワーの理論を採用し、朝鮮半島と中国大陸へ進出した、という地政学の考え方で説明ができます。

このように地理を学び、地図を見ることによって、なぜ日本が過去にあれほど無謀な日中戦争をしたのだろうかということが、よく理解できるようになるのです。歴史を学ぶだけではなく地理の視点も身につけることで、思考力が鍛えられます。

考えるヒント　アフリカ諸国の経済格差は何が原因？

植民地化は、一五世紀に「大航海時代」が始まって以降二〇世紀まで、地球上のいたるところで行われてきました。

アフリカでは、ヨーロッパ商人から武器を買って他部族を捕らえ、黒人奴隷として商人に売り払うという「奴隷貿易」が続いたことで、働き手の流出と部族間の対立激化が引き起こされました。また一九世紀以降のヨーロッパ各国によるアフリカ分割、植民地化のせいで、いまだ各地で紛争が起き、それによる貧困問題も続いています。

しかし世界中でベストセラーとなった『FACTFULNESS《ファクトフルネス》――10の思い込みを乗り越え、データを基に世界を正しく見る習慣』（ハンス・ロスリングほか著、上杉周作、関美和 訳、日経BP社）でも指摘されているように、現在のアフリカ諸国の多くは所得も向上し、乳幼児の死亡率は低くなり、女の子にも教育の機会があります。

ただアフリカ諸国にも、経済力の差があります。私もアフリカに何度か行ってみてわかりましたが、アフリカの中で相対的に経済が発展しているのは、北部のエジプト、南部の南アフリカ以外では、ケニア、タンザニア、ナイジェリア、ガーナなどです。この差は何に起因しているのでしょうか。

内戦や政治危機、干ばつなど気候変動の有無も、経済発展できるか否かの大きな要因となりますが、実はいま挙げた国々は、いずれも海に面していて、港がある国々なのです。港があると、ものの行き来が容易であるために、つまりはお金が循環するために、経済発展がしやすいのですね。

一方で、長い内戦の末に二〇一一年に独立を果たした、世界でいちばん新しい国である南スーダンや、近隣国からの難民が流入し続けるエチオピアなどは、内陸国であり、貧しい国です。内陸国は港がないことによって、いろいろな商品が届くのにコストがかかりすぎるため、あらゆるものの物価が高く、経済発展がなかなかできないということなのです。貧しさが、さらなる内戦や紛争を呼ぶ、という悪循環にも陥っています。

考えるヒント　なぜ、直線的な国境があるのか？

「地理総合」の教科書には、「自然的国境、人為的国境」という項目もあります。アフリカ大陸やアジアに、直線的な国境があるのはどうしてなのか。世界史で習うような内容が、「地理総合」にも入っているのです。

アフリカ大陸は一八八四～八五年のベルリン会議で「無主の地」とされ、「先占権（先に占領した国が権利を主張できる）」が確認されたことで、ヨーロッパの列強諸国から勝手に国境線を引かれ、分割されました。アフリカ大陸には多数の部族が存在し、その数は不明確ですが、八〇〇前後と見られています。その居住地などの境界を無視して設定された国境線のせいで、国家間、民族間での紛争が絶えないのです。

『高等学校　新地理総合』（帝国書院）では、ケニア、ウガンダ、タンザニア間の国境と、民族集団の居住地を色分けした地図を載せ、人為的国境によってどのように民族が分断されてしまったのかを可視化しています。

人為的国境があるのは、西アジアのクルド人居住地も同様です。オスマン帝国の時代から、クルド人の土地は「クルディスタン」と呼ばれています。第一次世界大戦中、イギリスやフランスがそのクルディスタンに勝手に国境をつくった結果、クルド人たちは、トルコ、イラク、イラン、シリアなどに分断されてしまい、それぞれの国の中では少数民族となってしまいました。「クルド人の独立国をつくりたい」という悲願のもと、紛争が続いてしまっているのです。

人為的な国境線について地理で学ぶことで、現代の世界情勢をも知ることができるわけです。地理という科目は、そういう応用力も身につけることができるのです。

また直線的ではないものの、ニジェールとナイジェリアも、人為的国境で分断された国です。ニジェール（Niger）とナイジェリア（Nigeria）は本来同じ地域を指す地名で、ニジェール川が両国を流れています。ニジェール川上流の東側は、モロッコ側から入植してきたフランスが植民地としたためフランス語読みの「ニジェール」、下流側は南大西洋側から入植してきたイギリスが植民地としたため、ニジェールの英語読みである「ナイジェリア」となったのです。独立する際、旧宗主国が異なる地域で別々に独立し、別々の国となりました。

二〇一六年のリオオリンピックで、サッカー男子日本代表がナイジェリアと対戦したときのことです。試合の冒頭、ナイジェリアの国歌を流す場面で、間違って違う国の国歌が流れてしまうというミスが起きました。ブラジルの地元テレビ局は、「どうやらニジェールの国歌と間違えたようだ」と伝えました。

その日は、サッカー協会のミスでチャーター機の手配が遅れるなどさまざまな要因が重なって、試合開始の六時間半前にブラジル入りするというハプニングにまで見舞われていたナイジェリアチームでしたが、そんな中でもナイジェリアは日本に五―四で勝利する強さを見せ、銅メダルを獲得しています。

考えるヒント　アイスランドとグリーンランドの命名の由来とは？

北極圏のアイスランドとグリーンランドの名前の由来は真逆で、面白い物語があります。アイスランドは「氷の国」という、なんだか嫌な名前ですが、これは付近を航行するバイキングたちによって呼ばれるようになった通称でした。

するともともと住んでいたアイスランドの人たちは「アイスランドという名前にしておけば、あんなところに何もないだろうと思わせることができ、他国の侵略を防げる」と考え、国防のために、あえてそのままアイスランドという国名にしたのです。

一方のグリーンランドは、デンマークの自治領で世界最大の島です。しかしアイスランド以上に寒く、国土の八割が氷河に覆われています。雪と氷に閉ざされた離島ということで、デンマーク国民もそこに行きたがりませんでした。そこでなんとか移住者を増やそうと躍起になったデンマークが、「グリーンランド」と名付けたのです。

考えるヒント　アフガニスタンが混迷しているのはなぜ？

二〇二一年八月、アフガニスタンのイスラム主義組織「タリバン」は二〇年ぶりにアフガニスタンの政権を奪取しました。タリバンは以前政権についていた頃、女性の人権を抑圧して教育や就労を禁止したり、バーミヤン石仏を破壊したりしたため、国際社会から批判を浴びてきた存在です。

同年九月には、首都カブール中心部のコンクリート塀に描かれていた日本人医師・中村哲さんの肖像画を、タリバンが真っ白に塗りつぶしてしまうという事件も起きました。中村さんは、アフガニスタンの人々のために医療、灌漑《かんがい》、農業支援を行ってきたものの、一九年一二月武装集団に銃撃されて亡くなりました。肖像画は、彼の偉業をたたえて有志が描いたものでした。

そんなタリバンが、なぜいまになって、再び政権をとったのでしょうか。「地理総合」や「歴史総合」で学ぶ範囲には入っていないようですが、二一年の世界の大ニュースですので、地理や歴史の視点を交えながらここで解説しておきましょう。

アフガニスタンという国は、長年列強諸国に翻弄され、戦争が続いてきた国です。

タリバンはパシュトゥン人を主体に構成されています。パシュトゥン人は、アフガニスタンからパキスタン（パキスタン独立以前は、イギリス領インド）にかけて居住している民族です。多民族国家のアフガニスタンでは人口の約四〇％を占める多数派で、一九七三年まで続いたアフガニスタン王国の王家もパシュトゥン人でした。パキスタンでは人口の約一五%を占めていて、大統領をはじめ多くの政治家を輩出しています。

イギリスは一八世紀後半から約一〇〇年をかけてインド（ムガール帝国）の植民地化を進め、一八五〇年にはインドのほぼ全域を支配しました。イギリスは三度にわたって、インドの西に隣接するアフガニスタン王国にも侵攻しましたが、最後は膠着状態のまま終戦となりました。

しかし凍らない港を求めて南下政策をとるロシアも、「インド・アフガニスタンルート」確保のためにアフガニスタンを狙っており、一九世紀後半のアフガニスタンは「グレート・ゲーム」と呼ばれる、イギリスとロシア、両大国の勢力争いに巻き込まれました。そのためアフガニスタンは結局、イギリスに外交権を譲り渡す羽目になり、実質上、イギリスの保護国となります。

一八九三年には、イギリスがアフガニスタンとイギリス領インドとのあいだに、身勝手に国境線を引き、そのためにパシュトゥン人はふたつの国に分かれることになってしまいました。しかしパシュトゥン人は、その人為的な国境をまたいで、両国間を自由に行き来していました。

アフガニスタンは一九一九年にイギリスから独立します。またイギリス領インドは一九四七年、ヒンドゥー教徒を中心としたインドと、イスラム教徒（ムスリム）を中心としたパキスタンとに分かれて独立し、アフガニスタンに隣接する国はパキスタンとなりました。

アフガニスタンは第二次世界大戦でも米ソ冷戦時代でも、中立路線をとり、米ソ両国と駆け引きをしながら両大国からの援助を受けました。ところが、七〇年代にクーデターと革命が起き、王政から社会主義を目指す親ソ政権が主導する共和国となります。ただしすぐに政権内部で抗争が起き、七九年には親ソ政権の維持を目指すソ連がアフガニスタンへ侵攻してきます。

こうしたソ連と政府の動きに対し、反政府組織の人々はゲリラ戦で対抗します。「イスラム教徒の土地を守るための聖戦」の名のもとに、「ムジャヒディン（イスラム聖戦士）」という志願兵たちも、イスラム圏各国からアフガニスタンへと駆けつけます。九・一一アメリカ同時多発テロの首謀者であるオサマ・ビンラディンも、ムジャヒディンとして生国のサウジアラビアからアフガニスタンへやってきました。

アメリカとパキスタンはそれぞれ自国の利益のために、ムジャヒディンを支援してソ連に対抗し、アフガニスタン国内の状況は悪化していきます。国内避難民や、パキスタンやイランへの難民が急増し、難民は最大時には約六二〇万人にものぼりました。そのとき難民となった人々の多くが、いまも難民キャンプやスラムなどで暮らしていて、四〇年以上も祖国に帰ることができていません。

一九八九年にソ連は撤退し、南下のための「インド・アフガニスタンルート」を失いました。またアフガニスタン侵攻によってソ連の国力も低下し、それが九一年のソ連崩壊の一因になったと見られています。

しかしソ連撤退後も、今度はムジャヒディン内部の権力闘争が起き、アフガニスタン全土での内戦状態が続いてしまいます。そのような状況下で、パキスタンに難民としてやってきたパシュトゥン人の若者たちに対し、パキスタンのイスラム原理主義勢力が、神学校でイスラム原理主義の徹底した教育を行いました。

パキスタン軍は教育を終えた彼らをアフガニスタンに送り込み、政権樹立を目指して戦わせます。その組織こそが「タリバン（『学生たち』の意）」です。九四年頃からアフガニスタンではタリバンが台頭し、九六年には国土の九割を支配するに至りました。

ビンラディンはソ連軍に抗戦していた八八年に「アルカイダ」を結成し、これは湾岸戦争を機に、反米国際テロ組織となっていきます。そしてアフガニスタンをアジトとしたアルカイダは、二〇〇一年九月一一日、アメリカ同時多発テロを起こします。アメリカの旅客機四機をハイジャックし、ニューヨークの世界貿易センタービル二棟、ワシントンの国防総省（ペンタゴン）に、一機ずつ突入させました。またワシントンの連邦議会議事堂に突入しようとしたとみられるもう一機は、乗客たちが抵抗し、ペンシルベニア州シャンクスヴィルに墜落しました。ハイジャック犯一九人以外に、このテロで二九七七人もの人たちが亡くなりました。

アルカイダとタリバンは別の組織ですが、タリバンがビンラディンをかくまったことで、当時のブッシュ大統領（ブッシュ・ジュニア）はアメリカ軍をアフガニスタンへ送り込みました。その年の一二月にはタリバン政権は崩壊し、親米政権が誕生します。

しかし復権を狙うタリバンは、一定の勢力を維持してテロ活動をくり返し、アメリカ軍対アフガニスタン反政府勢力による「アフガニスタン戦争」は、アメリカ史上最長となる二〇二一年に及んで続きました。ビンラディンは一一年にアメリカ軍によって発見、殺害されましたが、潜伏していたのはアフガニスタンではなく、隣国パキスタンでした。

なお一二年にはパキスタン・タリバン運動（ＴＴＰ）が、女子教育の権利を訴えていたマララ・ユスフザイさん（当時一五歳）をパキスタンのミンゴラで銃撃しました。ＴＴＰは、アフガニスタンのタリバンの影響を受けてパキスタン国内で生まれた過激組織です。

マララさんは一命をとりとめ、一三年に世界からの寄付金をもとに「マララ基金」を設立して女子が教育を受けるための支援を行い、一四年にノーベル平和賞を受賞しています。

そして二〇年に、トランプ前大統領がアメリカ軍のアフガニスタン撤退を合意したことを機に、再びタリバンは勢力を増し、二一年八月、ついに首都カブールを包囲して政権を奪い返したのです。

結局、イギリスによる人為的な国境線が引き金となり、米ソ冷戦が大きな影響を与える中、多民族国家の権力争い、宗派対立の問題が加わって、いまのアフガニスタン問題が引き起こされているのです。

このように、地理は現在に至る国際情勢を理解し、思考力をつけるのにも役立つ科目なのです。

3 「歴史総合」で近現代と現在との因果関係を知ろう

考えるヒント　日本がアメリカに従っているのはなぜ？

「地理総合」の次の紙上模擬授業は、「歴史総合」です。日本と世界の近現代史です。

先述のように、日本の歴史教育では事実を淡々と教えてきたために、ものごとの因果関係や作用・反作用の力学を十分に理解できていない人が多いと思います。特に東西冷戦時代前後の現代史を理解するには、イデオロギーという政治・社会思想への理解が欠かせません。そのあたりを学校では曖昧に教えられてきたために、きちんと理解できていないし、現在のアメリカや中国、韓国などの動向をニュースでよく見聞きしていても、どのように理解すればいいのかわからない、という人が多いのではないでしょうか。

コロナ禍前の二〇一九年五月、トランプ前大統領が来日した際には、安倍晋三総理が一緒にゴルフをプレーし、ツーショットを自撮りしてSNSに投稿するなど、日米の蜜月関係を強調していました。

一方で同じくトランプ政権時の二〇二〇年二月から三月にかけ、NHKが実施した「日本とアメリカに関する世論調査」では、興味深い結果が出ています（全国の一八歳以上の男女二一九五人が回答、回答率六一・〇%）。「現在の日本とアメリカはどんな関係だと思うか」について、「日米が対等な関係」と答えた人が全体の六・四%に対し、「アメリカが優位な関係」と答えた人は九二・〇%に上っていたのです。

大多数の国民が「アメリカが優位だ」、つまり日本はいざというときに言いなりとなっている弱い立場だ、と感じている日米関係とは、一体どのような関係なのでしょうか。日本は一九四五年、太平洋戦争でアメリカを主とした連合国軍に負け、アメリカのGHQによって占領されて以来、アメリカに「反抗」することなく従ってきました。それはなぜなのでしょうか。

四五年の日本の敗戦後、日本の植民地支配から解放された朝鮮は、北をソ連、南をアメリカに分割占領されてしまいます。アメリカ対ソ連の東西冷戦を背景に、四八年八月一五日、朝鮮半島南部に大韓民国、九月九日、北部に朝鮮民主主義人民共和国が建国されます。

しかし五〇年六月二五日、金日成《キムイルソン》率いる北朝鮮軍が武力による国家統一を目指し、三八度線を越えて韓国へと侵略し、朝鮮戦争が始まります。北朝鮮は中国とソ連の支援を、韓国はアメリカを中心とした国連軍の支援を受け、激しい攻防戦となります。

日本はアメリカ軍の出撃基地となり、戦争特需で景気が上向きました。この間、日本の共産化をおそれたアメリカが主導し、日本と四八ヵ国とのあいだにサンフランシスコ講和条約（五一年九月八日調印、五二年四月二八日発効）が結ばれ、日本はようやく主権の回復を果たします。

当時の吉田茂総理は、防衛費や軍事力にはお金をかけない「軽武装」で、経済発展を優先させるという道を選びました。日本の戦後政治を決定づけた人物です。

教科書『歴史総合』（実教出版）は、吉田茂についてはあまり強調せず、「（サンフランシスコ）平和条約調印の夜には日米安全保障条約がむすばれ、『極東』の平和と安全の維持を理由に米軍の日本駐留の継続が確認された」と説明しています。独立とアメリカ軍による防衛は表裏一体だったことを、「調印の夜には」という言葉でさりげなく暗示しているようです。

また、戦後日本にとって大きな存在である「日米安全保障条約」については、その第一条を資料として掲載しています。冒頭を紹介すると、「第一条　平和条約及びこの条約の効力発生と同時に、アメリカ合衆国の陸軍、空軍及び海軍を日本国内及びその附近に配備する権利を、日本国は、許与し、アメリカ合衆国は、これを受諾する」というものです。

この頃日本には、朝鮮戦争勃発を受けてＧＨＱの要請によって設置された「警察予備隊」という自衛隊の前身組織があったものの、軍隊自体はなくなっていました。しかし地理的に、日本のすぐ近くにソ連と中国、北朝鮮という国々がある以上、自国はなんとか防衛しなければいけません。そこでアメリカと日米安全保障条約を結ぶことによって、軍事的に日本はアメリカに守ってもらうことにしたのです。

東西冷戦というイデオロギーのぶつかり合いの中で、日本はソ連のイデオロギーである社会主義を選ぶのか、アメリカのイデオロギーである資本主義・民主主義を選ぶのかという二択を迫られていました。それなら資本主義・民主主義を選ぶでしょう、であれば結局アメリカと同盟を結び、アメリカの仲間になるしかないね、と選択をしたということです。

その上当時のアジアには、民主主義の国は日本しかなく、韓国も軍事独裁政権でした。アメリカから軍事的にも完全独立するとなると、敗戦国日本が単独で軍備を整え防衛できるのか、周りの社会主義国や独裁国家の国々との関係がどうなるのか、先行きは完全に不透明となります。それで結果的に、アメリカと友好関係を常に結び続けることを国是として、戦後日本は歩んできたわけです。

「アメリカが優位な関係だ」「日本はいつもアメリカの言うことを聞いているじゃないか」

という指摘は、そのとおりだということです。

これに対し、「日本がアメリカの狗に成り下がってしまった、アメリカの『ポチ』だ」などと嘆く人もいますが、かつてのイギリスでも、当時のブレア首相は「ブッシュ（米大統領、ブッシュ・ジュニア）のプードル」と呼ばれていました。ブレアは二〇〇三年のアメリカ軍によるイラク侵攻を支持し、〇六年にレバノンを空爆したイスラエルへの批判を控えるなど、アメリカ寄りの姿勢を貫いたからです。「世界の警察官」とも呼ばれたアメリカの言うことを聞いている国は、別に日本だけというわけではありません。

そもそも北大西洋条約機構（ＮＡＴＯ）も、ソ連や東ヨーロッパの軍事的脅威に対して西ヨーロッパの国々だけではとても対抗できないので、大西洋の向こうのアメリカまで引き込んだ同盟です。実際にヨーロッパに展開しているＮＡＴＯ軍はアメリカ主導で、アメリカに守ってもらっていると言えます。特に日本と同じ敗戦国であるドイツとイタリアにも、アメリカ軍の巨大な基地があります。

戦後から現在にかけて、「結局、アメリカの言うことを聞かなければいけない」という構図は、多かれ少なかれ世界的にあり、日本はそこで現実路線をとったのだということです。

ものごとは一方からの見方だけでは不十分で、多面的に見る必要があります。

考えるヒント　在日米軍の犯罪が罰せられないのはなぜ？

日米安保で軍事的にアメリカから守ってもらう、その代償として、沖縄県民がさまざまな犠牲を払わされています。国土面積の約〇・六％しかない沖縄県内に、全国の約七〇・三％に上る在日米軍専用施設・区域が集中しているのです。

ヘリコプターの墜落事故などが起きても、日本の法律で裁けません。さらにこうした深刻な基地問題について、本土の人たちはどこか他人事のように聞いてしまっているという現実もあります。

ではなぜ、沖縄の在日米軍が犯罪を起こしたとき、すぐに逮捕して罰することができないのでしょうか。

この根本としてよく取り沙汰されるのが、「日米地位協定」の存在です。日本にいるアメリカ軍の兵士が罪を犯した場合、日本がすぐに逮捕したり裁判を開いたりできない。たとえばアメリカ軍が戦車で日本人を轢《ひ》いて死亡させてしまっても、それがアメリカ軍の本来の任務中であれば、日本は責任が問えないことになっているのです。

またアメリカ軍の兵士が日本国内で休暇中に女性を暴行した場合、現行犯であれば日本の警察は逮捕できますが、基地に逃げ込んでしまうと逮捕ができないことになっています。裁判権は日本側にあるので、任意出頭を求め、アメリカ軍側がそれを認めれば、取り調べや起訴をして日本側に身柄を引き渡してもらうことは可能です。それにしても、日米地位協定によってアメリカ兵が守られすぎなのではないかという問題があるのです。

しかしこれも実は、世界のスタンダードなのです。自国に外国の軍隊がいる場合、その外国軍の兵士が罪を犯しても、その国の法律よりもそれぞれの軍隊のルールに従う、駐留されている国は手出しができないというのが一般的です。

日本の自衛隊が以前カンボジアに派遣されたときも、日本とカンボジアのあいだで地位協定が結ばれ、カンボジアで自衛隊員がもし悪いことをしたとしても、カンボジアは逮捕できない、日本の法律で裁くとされていました。そういう意味で、日米地位協定だけが問題なわけではありません。日本も他国に自衛隊を出すときには、必ず地位協定で守られているのです。

アメリカ軍の犯罪者を日本で逮捕できないというジレンマが起きたり、パンデミックでは米軍基地での新型コロナの感染拡大が見られるなど、何とかしたいと思いますが、残念ながら国際情勢を考慮すると、なかなか改善できない問題なのです。そうは言っても、地位協定の運用の仕方には、まだまだ改善の余地があります。「地位協定があるから仕方ない」で終わってはいけないのです。

考えるヒント　中国はなぜ台湾を支配したいの？

中国が台湾侵攻を想定したかのような軍事訓練をくり返し、「台湾有事になったらどうする」とニュースで取り上げられるようになっています。面積も人口も巨大な中国が、どうして小さな台湾にこだわっているのか、不思議に思っている人も多いのではないでしょうか。

総書記率いる中国共産党は、台湾を諦める気は毛頭ありません。なぜなら、「台湾を自国領にして初めて、中華人民共和国は完全に独立し建国されるのだ」という思想を持っているからです。

台湾にはもともと、マレー・ポリネシア語族の先住民が住んでいました。漢民族の中国こそが世界の中心だという「中華思想」を抱いていた中国の歴代王朝は、台湾を「夷州《いしゅう》」と呼び、さして興味を持っていませんでした。

一七世紀には一時期、オランダやスペインが台湾を占領しましたが、そのオランダを一六六一年に攻略したのが、明《みん》国（一三六八～一六四四年）の遺臣だった鄭成功《ていせいこう》です。しかし鄭成功が「反清復明」をスローガンとしたことで清国（一六三六〜一九一二年）の怒りを買い、一六八三年、鄭氏勢力は清に敗れ、以降台湾は清国領となりました。

それから約二〇〇年後、日清戦争（一八九四〜九五年）で日本が勝利したことで、台湾は日本に割譲されます。太平洋戦争後、中華民国に編入されましたが、中国大陸の「国共内戦」、すなわち蔣介石《しょうかいせき》の国民党軍と毛沢東《もうたくとう》の共産党軍との内戦の結果、敗れた国民党軍が海を渡って台湾に逃げ込み、台湾を国民党政府の「中華民国」としました。

一九四九年に建国された中華人民共和国は、翌五〇年、国民党政府のいる台湾を攻撃しようと、台湾海峡を挟んで台湾と対峙する福建省に、人民解放軍の大軍を集結させました。しかしいよいよ海を渡って台湾に攻め込もうとしていたときに朝鮮戦争が始まってしまい、北朝鮮を守らなければいけなくなりました。そこで急遽中国は、台湾「解放」を先送りして、北朝鮮の支援に回ったのです。中国からすれば、台湾支配は「先送りにしているだけ」と言えます。

ただし、こうした経緯からもわかるように、台湾が中華人民共和国の管理下にあったことは、歴史上一度もありません。

毛沢東は社会主義国家を目指し「大躍進政策」などを行いましたが大失敗し、国民は飢えて貧しく、国内の統治でせいいっぱいの状況でした。しかし毛沢東の死後、鄧小平《とうしょうへい》が七八年に「改革開放」政策を行って中国が急激に豊かになってくると、屈辱の歴史を返上し、かつての「漢民族による中華思想」で世界の中心となろうという野望が、習近平《しゅうきんぺい》や共産党政府に復活します。

清国は、三〇～六〇万人にすぎない満州族が二億人の漢民族を支配していました。漢民族の帝国は、その前の明国にまでさかのぼります。明の全盛期におけるGNP（国民総生産）を計算したオランダの経済学者は、明は当時GNPが世界一だったと言っています。

明の第三代永楽帝《えいらくてい》の時代には、鄭和《ていわ》という宦官《かんがん》が大船団を率いて南シナ海に遠征しました。そしてジャワ島やスリランカ、インド、さらにはアラビア半島や東アフリカにまで達し、各国に皇帝への貢ぎ物を求め、多くの文物を持ち帰りました。コロンブスやヴァスコ＝ダ＝ガマに始まる大航海時代よりさらに九〇年ほども前に、アフリカ大陸の現在のケニアからキリンを、ソマリアからシマウマを明へと持ち帰ったり、あるいは、イスラム教徒としてメッカへの巡礼を果たしたりしたのです。

現在、習近平政権は、先駆者としての鄭和の業績を強調しています。「一帯一路」構想の航路は、鄭和の時代は紅海まででしたが、二一世紀の「一路」は紅海からスエズ運河を通って地中海へと至っています。

習近平がいまなぜ「南シナ海は中国のものだ」と言っているかというと、「明の時代に南シナ海は中国の海になった、それがいまも続いている」という理屈からです。明の時代に築いた大帝国の領土を全部取り戻してこそ、漢民族の中華思想という夢が実現すると考えています。

チベットや新疆《しんきょう》ウイグル自治区、台湾は、明崩壊後の清の時代に統治下に入っていますから、「漢民族の中華思想」とは関係ないだろうと突っ込みたくなるのですが、彼らの理屈からすれば「一度自国領になったところは、永遠に自国領」ということなのでしょう。

共産党による中華人民共和国の「人民解放軍」は、国民党による中華民国の独裁から人民を「解放」した。チベットも、香港もマカオも解放した、次こそは台湾だ、まだ解放すべき人民が残っているんだと、こういう論理になっているのです。そして学校教育で、この論理を子どもたちにも教え込んでいます。だからもしもいま、台湾の独立を認めてしまえば、習近平はその瞬間に失脚すると言えます。

考えるヒント　アメリカはなぜ台湾を中国から守るの？

「台湾有事」が現実になってしまえば、アメリカ軍は台湾を守るために沖縄から出撃することになるでしょう。沖縄県内のアメリカ軍基地をなかなか削減できないのは、東アジアでの軍事行動に沖縄の立地が非常に有利だという、これも地政学的な理由のためです。

逆に言えば、沖縄にアメリカ軍の海兵隊や空軍がいて、いつでも台湾に向けて出動できるからこそ、中国としても台湾にうっかり手が出せないという構造になっています。

では本当に、アメリカ軍は台湾を、中国の軍事的脅威から守るのでしょうか。

中国は「なにがなんでも台湾を自分のものにする」という目標のもと、南シナ海に人工の島を次々と造り、軍事基地にしています。台湾を攻撃したら、アメリカ軍がやってくる。それを阻止するために、アメリカ軍が台湾に近づけないようにする、というのが、現在の中国の戦略なのです。台湾を守るためにアメリカが南シナ海に空母を進入させると、それらの人工島から戦闘機がいつでも飛び立てるという状態になっています。

さらに「空母キラー」と呼ばれている、地上から海上の船を沈めるミサイル「対艦弾道ミサイル」も、中国が配備を強化しています。中国がその気になったら、ミサイルを雨あられと撃ってアメリカの船を全滅させることができるだけの能力を維持しているというのです。

さらに中国は、二〇〇五年に「反国家分裂法」という法律を作りました。「平和的統一の可能性が完全に失われた場合、非平和的措置および他の必要な措置をとる」と明記されているこの法律は、中国を分裂させるような行動、すなわち中国の一部である台湾が独立を宣言するようなことがあれば、台湾への武力行使の可能性もあると予告しているのです。

つまり台湾が「われわれは台湾共和国として独立する」と言った瞬間、人民解放軍が台湾に攻め込みます。台湾の蔡英文《さいえいぶん》総統もそれがわかっているので、「独立」とは言わず、「台湾は中華人民共和国とはやり方が違う」と言い、「台湾共和国」とは絶対に言わず「台湾は台湾である」とぎりぎりの言い方をしているのです。

第二次世界大戦後、朝鮮戦争やベトナム戦争などを経て社会主義国家と鋭く対立してきたアメリカですが、一九七一年、中華人民共和国が国連に加盟することを認め、結果、中華民国（台湾）は国連を脱退します。翌七二年、アメリカと中華人民共和国が国交正常化に向けた共同声明を出した半年後、日本と中華人民共和国も同様に共同声明を出しました。

これはアメリカのニクソン大統領（共和党）が決断しました。代わりに議会は、アメリカの国内法「台湾関係法」を一九七九年に作り、台湾に防衛のための武器を供給すること、台湾の安全に対する脅威にはアメリカが対抗措置をとることを明記しました。台湾とアメリカとのあいだで安全保障条約を結んでいるわけではなく、あくまで国内法として、台湾を守ろうという法律があるのです。

そのためアメリカの大統領は、もし中国が軍事的に台湾を侵攻してきたときには、その法律にもとづき何らかの対策をとらなければいけないことになっています。大統領が法律を守るという前提であれば、中国が台湾に侵攻してきた際には、台湾を守って軍事行動を起こすのではないかということです。

くり返しますが、アメリカ軍が台湾を守るために出撃するのは、沖縄のアメリカ軍基地からです。沖縄からアメリカ軍の飛行機が台湾に向かって飛んでいけば、中国は沖縄にあるアメリカ軍基地にミサイルを撃ち込むでしょう。これがいわゆる日本にとっての「台湾有事」です。

軍事専門家はこうしたことをわかっているわけですが、生々しすぎてニュースなどではなかなか伝えられず、言葉を選んだ結果「台湾有事」という四文字で表現しているのです。危機は迫っているものの、戦後七七年、国内で戦争の被害を受けていない日本では、まだ現実味がないと感じる国民のほうが多いことでしょう。

考えるヒント　自由民主党の派閥って結局何なの？

二〇二一年一〇月三一日、任期満了後の第四九回衆議院議員選挙が行われました。日本では、政党が分裂したり合併したり、議員が政党を転々と移動するといったことがよくあります。選挙の際に誰がどの党に行ったのかと、頭が混乱した経験がある人も多いのではないでしょうか。たとえば立憲民主党の枝野幸男前代表は、日本新党、新党さきがけ、旧民主党、民主党、民進党、旧立憲民主党、立憲民主党と、七つの政党を経験しています。

この現在の立憲民主党は、過去に分かれた国民民主党と、衆院選での公約もいろいろな点が異なっていました。

また二〇二一年九月の自民党総裁選でもはっきりしたように、自民党内部にはさまざまな派閥があり、それぞれの主義主張も違う点が多々あります。同じ自民党でも、改憲推進派もいれば改憲消極派もいるし、原発推進派もいれば原発廃止派もいます。

こうした点が、民主党と共和党とで主義主張がはっきり異なっているアメリカの政党政治と比べて、日本の政治が非常にわかりにくく、選挙で投票するという行為へのハードルを上げている一因となっているようにも思います。

そこで、日本の政党の成り立ちを解説しましょう。

先述のサンフランシスコ講和条約の調印で登場した吉田茂元総理は、「自由党」に所属し、戦後一九四六年から五四年、五度にわたり総理を務めた人物で、麻生太郎元総理の祖父にあたります。

憲法で軍備を放棄したものの、「警察予備隊」を「保安隊」へ、さらには「自衛隊」へと変化させました。ただしあくまで軽装備で、基本的にはアメリカに守ってもらう立場でした。軍備にお金を使わずに経済を発展させると決めた吉田茂が、戦後の日本の礎《いしずえ》をつくったわけです。

その吉田茂のもとで、政治家としての訓練を積んだ人たちは「吉田学校」出身者と呼ばれました。六〇～六四年に総理を務め「所得倍増計画」「高度経済成長政策」を打ち出した池田勇人、六四～七二年に総理を務め「非核三原則」の提唱や「沖縄返還」を果たし、ノーベル平和賞を受賞した佐藤榮作などを輩出します。

それに対し、五七～六〇年に総理を務めた岸信介は、佐藤榮作の実兄で安倍晋三元総理の祖父です。四三年から国務大臣兼軍需次官として戦時経済体制の実質的な最高指導者だったことから、敗戦後、A級戦犯容疑者として逮捕されました。その後政界復帰した岸は「憲法改正・再軍備」を唱え、日本は軍事的にも独立をしなければいけないと訴えたことから、鳩山一郎（鳩山由紀夫・邦夫兄弟の祖父）らとともに五四年に自由党を除名となり、「日本民主党」の結成に参加しました。

一方、自由党、日本民主党に対し、一九四五年一一月に共産党を除く戦前の無産政党関係者で結成された「日本社会党（社会党）」がありました。二度と戦争をしない平和的な社会主義国にしようと考える左派の人たちが集まった政党です。四七年に総選挙で第一党となり、片山哲内閣や連立内閣の芦田均内閣が誕生しましたが、四八年までと短命に終わりました。

社会党は、五一年に分裂します。西側諸国だけとの講和条約と日米安保条約に反対し、ソ連や中国とも講和条約を結び、社会主義を目指すべきだという「左派社会党」と、同じく日米安保条約に反対でも、講和条約には賛成でアメリカと仲良くしたほうがいいという「右派社会党」に分かれたのです。

ところがその後の選挙を通じて、右派社会党も左派社会党も議席を伸ばします。当時は「中選挙区制」でひとつの選挙区から複数人が当選できましたし、社会党内の左右の主張が明確になることによって、投票する人が増えたのです。そこで社会党としては、ここで妥協して左右がもう一度一緒になれば政権がとれるのではないかと考え、五五年に右派社会党と左派社会党が合体して社会党となります。

それを見ていた財界は慌てます。社会党が勢力を伸ばしていき、このままいくと日本が本当に社会主義国になってしまうかもしれない。反社会党あるいは反社会主義で、保守党は団結しなければいけない。そこで、軽武装でアメリカといい関係でやっていこうという吉田茂らの保守中道勢力と、独立した軍隊を作ろうという岸信介らの保守右派勢力らが、財界の圧力を受けて反社会党として団結。自由党と日本民主党が一緒になり、「自由民主党（自民党）」が誕生します。

こうして、過半数の議席数を占め政権を握る自民党と、憲法改正阻止に必要な三分の一の議席数を保持する野党の社会党との二大政党が議会で対立する「五五年体制」が成立したのです。

五五年体制について、『歴史総合』（実教出版）は「戦後の西欧諸国では、イギリスのように自由主義経済の維持をはかる保守政党と社会福祉の充実をはかろうとする政党との間で、政権交代がくりかえされた」「日本では一九五五（昭和三〇）年（中略）以降、自民党が政権を担当し、革新政党の社会党が憲法解釈や社会保障の問題で対抗した。この保守対革新の政治体制を五五年体制という」と説明しています。

西欧諸国と日本とをさりげなく対比させていますが、強調はせずにさらりと事実を並べています。ここは、「しかしその一方で」という言葉で対比させたほうが生徒の印象に残るのに、少々もったいない記述の仕方です。

結果的に自民党は、左右考え方が違っても与党であることに利益を求め、各派閥はずっと共存してきました。吉田茂の流れは、池田勇人の後援会の名前から「宏池会《こうちかい》」と呼ばれ、自民党内で中道リベラルの派閥です。池田のあとは大平正芳、鈴木善幸、宮澤喜一そして現在の岸田文雄という総理を輩出します。アメリカとの関係を大切にしていけば無理に憲法は改正しなくていいという立場です。

一方、岸信介の流れを汲んだのが福田赳夫のつくった「清和会」であり、森喜朗、小泉純一郎、安倍晋三、福田康夫ら多くの総理を輩出します。憲法改正、軍事独立、新自由主義経済などを目指す人たちです。

こうして吉田茂以来の戦後日本の歴史を俯瞰してみると、二〇二一年の自民党の総裁選の意味や、衆院選を戦った各政党のなりたちもわかってくるというわけです。あらゆる歴史は、「いま」につながっているのです。

4 「公共」で池上流アクティブ・ラーニング

私なら選挙期間中に授業で疑似投票をしたい

さて最後の紙上模擬授業は、二〇二二年度から始まる必修科目「公共」です。私の時代で言うところの「政治・経済」という科目が「現代社会」となり、「公共」へと変化するのです。

昔の「政治・経済」も「現代社会」も、日本の政治制度の仕組みを解説することに終始してきました。日本は議院内閣制で、衆議院や参議院の役割はこうです、選挙の仕組みはこうです、ということだけを覚えさせてきました。つまりこれも「地理」や「日本史」と同様、戦後日本が教育現場から政治性を極力排除しようと、とにかく仕組みだけを教えることに徹してきた姿勢の表れです。

そこから「公共」にリニューアルするのは、先生たちにとっては大変です。政治的な話題をアクティブ・ラーニングで学ぶのです。

教科書『公共』（実教出版）には、「実際に試して考えて、理解する Challenge」として

「判決を考えてみよう」「市の予算を決めよう」「『模擬国連』をやってみよう」などのテーマが並び、「思考実験や倫理的な課題を通して考える Trial」として「生命のはじまりにどこまで介入してよいか」「自由にともなう責任とは」「多数決で決めることの長所と短所を考えてみよう」などのテーマが並んでいます。これらのテーマを考える際のいろいろな視点が、対話形式などで紹介されており、それを参考にしてひとりひとりの生徒たちと議論をしましょう、という教科に代わるわけです。

もし私が高校生に「公共」の授業をするとしたら、やってみたいのは実際の選挙の疑似体験です。選挙期間中に、各政党のマニフェストや公約集、それぞれの候補者のポスターなどを集め、みんなにまずそれをしっかりと読み込ませます。その上で、じゃあ、あなたは誰に投票しますかと疑似投票をさせます。もちろん無記名です。

そして、現実世界での選挙結果が出てから、教室でも開票してみます。「実際にはこの人が当選したけど、わがクラスでは別の人が当選したね、何でこんな違いが出たのかな」、あるいは「やっぱり同じ人が当選したね、どうしてだろう」ということを考えてもらうようにします。

いま日本社会にはどんな改革が必要か、誰を議員に選べばもっといい世の中になるか、よく考え試行錯誤することが、社会の一員としての役割だと高校生たちに実感してほしいからです。

この本の執筆のさなか、ちょうど第四九回衆議院議員総選挙があり、その投票率はというと、前回よりわずかに上がったものの戦後三番目に低い五五・九三％でした。選挙当日、私が担当した選挙特番が終わるころには、投票率が低調であったとわかりました。そこで私は番組の最後にこうお伝えしました。

「コロナ禍の中でいま民主主義が危機に陥っています。香港の二〇代の民主活動家は取材に対し、『自由な選挙がある日本がうらやましい』と言っていました。でも日本の、特に若者が政治に参加しないことを、その香港の女性は嘆きながらこう言いました。『日本では、政治家とは議員の意味なのかもしれない。でもすべての人が政治に参加できる』。つまりはすべての人が政治家なんだと。私たちは、政治家にお任せする、とつい思ってしまいますけれど、私たちが自ら政治にかかわっているのだということの自覚が必要だと思います」と。

他にも、裁判員制度であれば、死刑制度について考える授業を行うでしょう。たとえば実際に死刑判決を受けるような事件について紹介し、「検察側が死刑を求刑しました。あなたは裁判員です。この人はとても悪いやつだけど、この人の命を本当に奪ってもいいですか。あなたは死刑判決に賛成しますか、反対しますか」ということを考えさせ、議論させます。

前提条件として、先進国の中では死刑制度は廃止されていること、アメリカは州によって死刑制度があるところとないところがあることなども研究させておき、その上での議論です。生徒たちにはつらい授業かもしれませんが、現実的な学びとして必要なことだと思います。

なぜ「公共」という科目名に変わったか

「公共」という科目に期待が集まる一方で、「公共」という科目名には、警戒感を抱いています。

「現代社会」を「公共」にすると決めたのは、安倍政権の頃でした。このネーミングと安倍政権の性格からして、道徳教育を充実させたい、安全保障や領土問題についてしっかり学ばせたいという意図があるのだろうと感じるのです。

社会生活の中でどう生きていくのかを学ぶ、ということを考えれば、科目名は「現代社会」のままでも「社会」でもいいわけですし、市民教育ですから「市民」でもいいはずです。それをあえて「公共」という名前にした。

「公共」という言葉は、言わずもがな、日本国憲法の中で国民の権利について説明するときに「公共の福祉に反しない限り」として用いられている言葉です。権利は無制限なものではなく、公共の福祉に反しない限りで認められています。それはつまり、「国民は権利ばかり主張するな、もっと義務や責任を考えろ」と思っている保守的な政治家たちにしてみれば、暗に「常に公共のことを考えて、義務を果たせ」と伝えられるという意味で、「公共」という言葉が科目名として適していると考えたのでしょう。

「市民」だと権利が前面に出すぎる、権利を少しでも制限しようという発想が、「公共」という科目のタイトルに、にじみ出ていると思うのです。

そう感じるのは、自民党が野党時代に作った憲法改正草案を読むと、「義務」という観点が随分入っているからです。

たとえば第九条の三という条文を新設し、「国は……国民と協力して、領土、領海及び領空を保全し……なければならない」と規定しています（「……」は中略の意）。これは一般国民が老若男女問わず、国防の義務を負うということです。

ヨーロッパ諸国では、宗教上の信念などにより一切の戦闘に参加できないという国民の

「良心的兵役拒否」権がすでに確立されているため、つまり戦争協力拒否権も有しているということになります。しかしこの改正草案では、「戦争協力法」などの制定を可能にし、戦争に協力しない国民を処罰できることになるのです。

また他にも、改正草案の第二四条一項で「家族は、互いに助け合わなければならない」としています。民法では結婚の規定と同時に離婚の規定もありますが、民法の上位に位置する憲法で「家族は助け合え」と命じるとなると、離婚は憲法違反だとすることも可能になりかねません。現在既婚者の三組に一組が離婚に至るという現実を鑑みても、あり得ない義務だと言えます。

本来憲法というものは、「立憲主義」といって、私たち市民の側が権力者にタガを嵌《は》めるためのものです。「たとえ権力を持っている者だって、こういうルールには従わなければいけないよ、人々にはさまざまな権利があって、権力者はその権利を認めるようにしなければいけないよ」と。それが近代的な民主主義国家における憲法なのです。

しかし自民党の憲法改正草案を読むと、国民にいろいろな義務を課しています。「権利ばっかり主張するのはけしからん、憲法にさまざまな国民の義務を書いていないのはけしからん。国民はもっと義務をきちんと果たすべきだ」という姿勢です。これはつまり、立憲主義の考え方を理解していないことの表れです。

日本国憲法の中に、国民の権利はいろいろと書かれていますが、国民の義務は三つだけが記されています。「勤労の義務」「納税の義務」そして「保護者が保護する子女に教育を受けさせる義務」です。この三つが義務なのは、この三つの義務があって初めて国が成り立つからです。

「義務教育」と言われますが、子どもたちに学校へ行く義務があるわけではなく、保護者に子どもを学校に行かせる義務があるのです。それによってきちんとした基本的な教育を受け、社会に出て働き、働いたら税金を納めなさい。その税金によって学校を整備し、次の世代の子どもたちを育て、社会が発展していく。国を維持するために最低限必要な三つの義務だけを国民に課し、あとは国民の権利を規定しているということです。

さて、「地理総合」「歴史総合」「公共」の紙上模擬授業はいかがだったでしょうか。学生時代には点と点にしか見えなかったようないくつもの事柄が、線としてつながる感覚を味わってもらえればと思います。

そして現場の先生方はぜひ、新しい教科書で、こうした内容をしっかりと教えてほしいと思っています。

続く第3章と第4章では、思考の持つ力をふたつの側面から見ていきましょう。諦めずに立ち上がるための「乗り越える力」、ステレオタイプ思考から抜け出すための「問いを立てる力」です。

本書では思考力を「自分がよりよく変わる力」と示しています。それに直結するのが、「乗り越える力」と「問いを立てる力」なのです。

第3章

折れないしなやかな自分をつくる

——乗り越える力

1　次元の違う道を見つける、見つかる

受験の挫折で気づいた「自分だけじゃない」という視点

生きていれば、失敗なんてつきものです。私自身もこれまで、挫折や失敗ばかりしてきました。

失敗から回復するために必要な力こそ、思考力です。思考力があれば、自分はどうすべきかと考え、諦めずに立ち上がり、乗り越えていくことができるのです。

私は大学受験でも挫折をしています。経済学を勉強したくて、「この先生から教わりたい」と思った先生が、東京教育大学文学部経済学科にいました。東京教育大学というのは、現在は筑波大学になっているのですが、文京区に本部キャンパスのある大学でした。そこは経済学部がなく、文学部の中に経済学科があって、定員はわずか一五人。そこで学びたいと思って一生懸命勉強をしていたら、突然入試が中止になったのです。

当時の東京教育大学は、政府に批判的な先生たちが多く、政府にとって目の上のたんこぶのような存在でした。そこで東京教育大学を潰したいという思惑で、まったく新しいタイプ

の大規模大学として、茨城県の筑波研究学園都市に移転させる計画が持ち上がったのです。これに東京教育大学の先生や学生たちが猛反対をして、ストライキに入り、一年ほど続いていました。この罰として、政府から東京教育大学の入試中止命令が出たわけです。ちなみに体育学部だけは、渋谷区の幡ヶ谷というまったく別のところにキャンパスがあり、多くの学生は政治や学生運動に無関心でしたからストライキはなく、普通に入学試験が行われました。

入試が中止になった、さてどうするか。経済学で同じようなことを教えている先生はどこにいるか調べると、東京大学の経済学部にいたので、東大の文科二類に進路を変えました。自分の学力では厳しい選択で、浪人を覚悟しながら東大入試に向けて準備を始めた途端、東大入試も中止になりました。一九六八年暮れのことです。

東大入試の中止はよく知られていますが、実はその前に東京教育大学の入試が中止になっています。つまり私はこのとき、ふたつの挫折を経験しているわけです。自分にまったく責任のないところでそういう状態になってしまって、世の中って不条理だなと痛感しました。

さらに言うと、東大の入学定員はあの頃三〇〇〇人くらいで、一万人くらいが東大を受けようとしていたはずです。東京教育大学と合わせると一万二〇〇〇人ほどの受験生が突然受験先を失ったわけで、大混乱が起きました。

社会科学系の学生は一橋大学、理系の学生は東京工業大学に志望先を変える人が多かったようです。他にも京都大学や東北大学などを受けた人たちもいました。私は結局、慶應義塾大学の経済学部を受けることにしました。東京教育大学も東京大学も、国立大学ですから文系でも数学が試験にあって、勉強していました。当時の私立文系の経済学部で慶應の経済学部だけが数学も必須でしたから、慶應を選択肢にできました。

挫折感を味わいましたが、合格してから初めて福澤諭吉の『学問のすゝめ』を読んで、なんて素晴らしい人だ、こんないい大学に通えるのか、とあっさりと気分を切り替え、立ち直りました。大学で多くの友人もできました。

いまになってみると、この大学受験で感じた不条理から立ち直れたいちばん大きな理由は、私と同じような状態に追い込まれた人が、世の中に一万人以上いたということでした。「自分ひとりじゃない」という思いが、結果的に救いになったのかなと思います。

さらに不条理なのは、前年に浪人して東大を目指していた人たちです。東京工業大学の前学長、三島良直氏は、前年に東大に落ちて浪人をしていたけれど、六九年の入試がなくなって東工大に入りました。しかし、後になんと学長にまでなったのですから、人生はわからないものです。ちなみにこの年、慶應大学名誉教授でパソナグループ会長の竹中平蔵氏は一橋大学、政治学者で東京大学名誉教授の姜尚中《カンサンジュン》氏は早稲田大学に入っています。哲学者で神戸女学院大学名誉教授の内田樹《たつる》氏は、浪人して翌年に東大に入っています。

みんないわゆる同じ挫折を味わった「同期」なのでしょう。「みんな大変なんだから」と思うと、不条理でも自分を慰めることができたということです。

進路の挫折で悩みの渦中にいる人たちにアドバイスをするとすれば、「思い悩んだり苦しんだりしているのは、あなただけじゃないよ」ということです。

特に若いうちは、「自分だけが世界でいちばん不幸だ」と思い込みがちですが、それはある種の自意識過剰です。人は誰でも成長の過程で挫折するし、つらい思いをしたり、行き詰まったりする。それは当たり前で、自分もそのうちのひとりにすぎない、自分の悩みなんてちっぽけなものなんだ、という気の持ちよう、自覚が、ある種の救いになる。そういうふうに視野を広げることが必要かなと思います。

ひとりじゃなかなかそこまで気持ちを切り替えられない、というときは、ぜひ、周囲の友人や家族、悩み相談窓口などに話し、ひとりで抱え込みすぎないようにしてほしいものです。

フリーランスに踏み出せた「自分の強み」という視点

社会人になってからも、いろいろな挫折を経験しました。

NHKでは若い頃から、いずれ解説委員になりたいと思っていました。NHKや新聞社は、四〇代になるとデスクという役職で内勤の管理職になって、現場の若い記者たちが書いてきた原稿を直したり取材の指揮をしたりします。つまりデスクになると、自分で取材することができなくなってしまう。でも唯一、解説委員だけは自分で自由に取材に行って、それを解説するという仕事ができる。私は生涯記者として働きたい、管理職になりたくないという思いがあったので、毎年の人事考課で「解説委員になりたい」という希望を書いていたのです。

社会部の教育担当を経て「イブニングネットワーク首都圏」のキャスターになったばかりの頃、教育担当の解説委員が定年退職を迎え、その際に「後任はおまえがやってくれ」と言われました。「おまえがキャスターを辞めた後、教育担当解説委員になれるように、空席にしておく」と言われたのです。

さあ、解説委員になれるんだと思っていたら、突然「週刊こどもニュース」のキャスターを担当するようにと言われてしまいました。解説委員室としては、いつまでも教育担当を空席にしておくわけにはいかないということで、当時の文部省を担当していた私の後輩が解説委員になり、私のためだったはずの席がなくなってしまいました。

それでも、教育担当じゃなくてもいいから解説委員になりたい、と人事考課で書き続けていたら、ある日突然廊下で解説委員長に呼び止められて、「君は解説委員になりたいっていつも書いているようだけど、なれないからね」と言われました。衝撃以外の何ものでもありません。「どうしてなれないんですか」と聞いたら、「解説委員は、何か専門の分野を持っていて、その解説をするのが仕事だ。君には専門がないだろう」と言われたのです。

「こどもニュース」でありとあらゆることを解説していましたが、専門分野を解説できる記者ではなくなっていたわけです。解説委員になれたら、いずれ定年退職後に大学で教鞭をとりたいなどと勝手な人生設計を描いていたのに、それが途絶えてしまい、人生設計が見通せなくなりました。

このままNHKにいても、「こどもニュース」のキャスターは取材にもあまり行けない。それならもうNHKを辞めて、フリーランスになろう、そうすれば自由に取材へ行けるだろうと思ったのです。

ちょうどその頃、講談社から『ニュースの「大疑問」』という本を出し、これがそこそこ売れて、その後も複数の出版社から本を書かないかという依頼がきていました。「NHKを辞めても、一年くらいはなんとかなるかもしれない」と思いました。

もうひとつ、フリーランスに踏み出せた理由として、「専門は確かにない。でも逆に言えば、『ニュースをわかりやすく解説する』という専門性があるんじゃないか」と気づいたことが挙げられます。

テレビに出て解説をする人は、みんな何かの専門家で、難しい専門用語を使うために、わかりやすく解説できていません。それに対して「何でもわかりやすく解説します」という人間が、その頃にはいませんでした。だからこそ、ひとりぐらいなんとか食っていけるニッチな仕事というのがあるのではないかと思い直して、NHKを辞めてフリーランスになったのです。

もちろんこれも、挫折は挫折なんですが、そこで気を取り直して「じゃあ、自分には何かほかに取り柄はあるだろうか」と考えたのです。フリーランスになって、いろいろとテレビ番組に出ていたら、大学で教えませんかという話をもらいました。結果的に、「大学で教える」という希望がいつの間にか叶っていました。

会社人生の逆境で「腐らない」ための視点

本当は最初から、プランBを考えておかなければいけなかったとは思いますが、つまずいてもそれをきっかけにプランB、プランCを考えればいいのです。

会社という組織で働いていると、自分が将来どんなポジションに就けそうか、ある程度の年齢になるとなんとなく見えてきます。そのとき、人間はついいちばんいい理想のコースを思い描いてしまいます。社長はさすがに無理かも、でもうまくいくと取締役くらいにはなれるかもしれないな、などと出世ルートの理想形を考え、それを夢見てしまうのです。

それがダメになると、挫折をするということになるわけですが、そもそも理想のコースどおりになるなんてことはそうそうありません。次善の策として、プランBも日頃から考えて、そういったことも含めて上司にそれとなくアピールしておく、などということが現実的でしょう。

組織の人事異動では、思いもよらないことがまま起こります。企業でお家騒動や不祥事などがあって、トップや役員たちがごっそりと退陣することになり、関連会社に追い出されていた人が急遽呼び戻されてトップになる、などということもあります。

また企業では、同じくらいの実力のある人がふたりいたりすると、どちらが役員としてふさわしいかを見定めようと、わざと一見、左遷のような異動をさせたりすることがあります。そこで腐ってしまうような人だったらそれでおしまい。どんなところでも落ち込まず前向きにしっかりと働いていると、逆境でも頑張れる人間なんだな、と呼び戻されることもあるのです。

こういう会社の仕組みは、若いうちにはわからず、ある程度上のポジションに来て初めて見えてきます。未来にどんなことが起きるかは、不確実であり、誰にもわかりません。失敗した、もうおしまいだと思っても、いまある目の前のことをしっかりやっていこうと思い直し、乗り越えることが大切です。

忖度せず「自由にものが言えるか」という視点

第1章で述べた「限定合理性を優先して失敗する」ことを避けたくても、実際に自分が直面すると、これはなかなか難しい問題です。

たとえば直属の上司が無理難題をふっかけてきたときに、はっきりと「部長、それは無理です」と言ったほうが会社全体として合理性があるという場合にも、それによって部長の不興を買い、自分が昇進で不利益を被るということになれば、「部長のおっしゃるとおりです、お説ごもっともです」と従うほうが、限定合理性はあるわけですね。これはどこの組織でも起こり得ることなのです。

大切なのは、中間管理職や経営層が部下たちに対して、限定合理性に陥らないように、「会社全体のことを考えてどんな意見も言ってくれ、それが私の意図に反するようなことでも不利益にはしないよ」と日頃から伝えること。広い心を持っていることをはっきりと見せることです。

第5章の「対話の力」でも詳しく述べますが、私は大学の授業で討論をさせるときも、どんな意見であっても否定せずに耳を傾ける「対話型リーダーシップ」を心掛けています。以前、東京工業大学の講義で、原子力発電所の再稼働は必要かどうかを議題にしたことがありました。「原発をやめるべきだ」という学生がいる一方で、「エネルギーを有効に活用するためには、やっぱり原発は必要なんだ」という学生もいる。私は「なるほどね」「そういう考え方は確かにできるよね」と、賛成論も反対論も、それぞれを評価したところ、次々に意見が出てきて、自由で活発な議論が実現しました。

会社という組織もまさにそれと同じです。頭ごなしに「お前、ばかなことを言うな」などと言うと、多様な意見など出てくるはずがありません。それぞれの職場で自由闊達に意見を述べ合い、いい意見はきちっと取り入れ、ダメな意見は「いい意見だったけれども、今回の場合さまざまな事情を考慮すると、残念ながらそれは採用できない。申し訳ないけれど、またためげずに次も提案してくれ」というふうにフォローができるかどうか。結局は上司の態度にかかってくるのです。

上司は選べないので「斜めの関係」という視点

これから社会に出る人たちにとっては、いい上司に恵まれるかどうかは運次第ですが、一方で、同じ上司とずっと一緒ということは普通はありません。上司か自分のどちらかがいずれ異動すると考えて、しばらく我慢することです。

ただそれだけでなく、私がよくするアドバイスとしては「斜めの関係を大切にしろ」ということです。たとえば自分が所属する部署の部長の下では、どうしても限定合理性について配慮せざるを得ないというとき、ほかの部でこの人と思う人に、メンターとして相談に乗ってもらったり、アイデアをもらったりするのは、とても大事なことだと思うのです。

直列の上下関係は、まさに人事にかかわってきますが、隣の部の人などは自分の人事考課への影響は少ないでしょう。おたがいに利害のない斜めの関係だからこそ、客観的なアドバイスを受けることも可能です。

私は一九七三年にNHKに入局し松江放送局に配属され、島根県警記者クラブに入りました。記者には妙なしきたりがあって、同じ会社の先輩は、仕事についてあまり教えてくれないのです。特ダネを競い合うライバル関係になるからです。

途方に暮れていると、机を並べている他社の先輩記者が、自分も昔そうだったから、と声をかけてくれるのです。私の場合は、読売新聞の先輩記者が「こういうときはこうするんだよ」と教えてくれたり、あるいは地元紙・中國新聞の記者が、一緒にあちこちの取材先へ連れていってくれたりして、彼らからいろいろと教わりました。

翌年になってNHKの後輩が入社すると、先輩の気持ちがよくわかりました。私が彼に一生懸命仕事を教えてしまうと、特ダネをとられるのではないかと、やはり不安になります。そこでとおり一遍のことは教えますが、あとは放り出す。するとその横で、読売新聞の新人記者が途方に暮れているので、私は自社の後輩よりもそちらに声をかけてあれこれ教える。不思議なものですが記者クラブでは、そういう斜めの関係の相手から、記者の取材のいろはを教わるのです。

2　壁を突破する手は自分の考え方ひとつ

「壁」にぶつかって前に進めない、挫折をしたというとき、もちろんその壁を真正面から乗り越えられるのであればそれでいいのですが、難しそうであれば、乗り越えなくたっていいのです。

壁の向こう側に行く方法は、いくらでもあります。自分の考え方ひとつで、壁の捉え方、乗り越え方は、いくらでも変わると言えるでしょう。

私がＮＨＫ時代、「私には解説委員になれるほどの特定分野への専門性はないけれど、逆に言えば『ありとあらゆるニュースをわかりやすく解説する』という専門性がある」と考えたのも、壁の下や横を見て、自分の考え方を変えた結果だと言えます。

「壁に穴が開いていないかな」「どこかに壁の低い箇所がないかな」などと、立ち止まってじっと壁ばかり見つめるのではなく、下を見たり横を見たりする。つまり、いろいろな方向から諦めずに考えること、そして行動してみることが大切です。

新型コロナワクチン立役者の「感謝」という視点

新型コロナのｍＲＮＡワクチンに欠かせない技術を開発した、生化学者のカタリン・カリコ博士は、四〇年にわたりコツコツと研究生活を続ける中、その研究内容がなかなか認められず、研究資金の調達にも苦労したという人物です。何十年も研究を続けても、結果を出せないまま終わる人も大勢いる中で、カリコ博士は努力を実らせてノーベル賞級の成果を挙げ、一躍脚光を浴びました。

ハンガリー生まれのカリコ博士は、東西冷戦時代の貧しいハンガリーで研究をしていましたが、あるとき政府からの研究費が打ち切られてしまいました。研究を続けられなくなる危機に陥ったカリコ博士でしたが、博士の論文を評価したアメリカ・ペンシルベニア州のテンプル大学から誘われ、家族で渡米することを決意しました。

その頃のハンガリーは西側諸国への通貨持ち出しを厳重に制限していたため、闇で自動車を売ったりして確保した一〇〇〇ドルを当時二歳の娘が大事にしていたクマのぬいぐるみの中に隠し、アメリカへと渡ったそうです。

壁にぶつかったときに、カリコ博士の場合は壁の上からアメリカの大学が「縄ばしご」を投げてくれて、それを登って壁を越えることができたというわけです。いまやカリコ博士は、一転してハンガリーでは英雄扱いだそうです。

研究が花開くかどうか、見通しがなくても長いあいだ頑張り続けられたのは、自分のやりたい研究に対してお金を出してくれる人がいるということへの「感謝の念」が強くあったのだろうと思います。教え子や同僚たち、大学という組織への「責任感」もあったでしょう。この感謝の念と責任感が、研究を続けるモチベーション、原動力になったのだと思います。

原動力は、人によって本当にいろいろなものがあります。青色発光ダイオード（ＬＥＤ）の開発で二〇一四年にノーベル物理学賞を受賞した中村修二さんは、徳島県の日亜化学工業で研究をしているときに、会社からそんな研究はやめろと言われていたそうです。

いつかこいつらを見返してやる、いまに見てろ、という意地で研究を続け、ついには成功させ、ノーベル賞を受賞しました。日亜化学工業への感謝とはほど遠い、意地や恨みのような気持ちが原動力になったわけです。モチベーションというものは本当に人それぞれです。

挫折で見つかった「自分の可能性を広げる」視点

カリコ博士や中村修二さんは、壁にぶつかってもその道を極めようと突き進んだわけですが、諦めて違う道に進んだのが、「ｉＰＳ細胞（人工多能性幹細胞）」で二〇一二年ノーベル生理学・医学賞を受賞した山中伸弥さんです。山中さんは臨床医を目指していましたが、不器用で手術があまりに下手で、ついに「ジャマナカ」と呼ばれるようになり、手術室から追い出されたそうです。すごい挫折感だったろうと思います。

そこで臨床医を諦めて研究者に方向転換をしたことが、人体のどの組織にもなる能力を持った「ｉＰＳ細胞」の発見につながったわけです。つまり山中さんは、壁を乗り越えるのは無理だと諦め、脇道を探して、新たな道を見つけたのです。

世界保健機関（ＷＨＯ）でシニアアドバイザーとして働く進藤奈邦子《なほこ》さんは、感染症対策で活躍されています。彼女の場合は、弟さんが脳腫瘍で早世し、亡くなる間際に「僕の代わりに、病気の人たちに『明日はよくなるよ』と言ってあげてほしい」と言われたことがきっかけで脳外科医になりました。自分のためだけではなく誰かのためという、利他の精神が原動力になったのです。

しかし彼女はある日、脳外科の手術が成功して一命を取り留めたものの、後遺症が残って社会復帰ができなくなってしまった患者の奥さんから、「夫の治療や介護で貧乏のどん底になって、子どもの大学進学も諦めました。あのとき夫が亡くなっていれば、別の人生があったんじゃないでしょうか」と言われてしまったそうです。

医者としては人の命を助けることが絶対必要だし、難しい手術を成功させた。でもそれが、ご家族に幸せな結果をもたらさなかったことで、自分の仕事は何なんだろうかと挫折感を味わったのです。

そこで進藤さんは、自分が脳外科医として人のためにならないのであれば、社会全体、世界全体の多くの人たちを助ける仕事をしたいと考え、WHOに入ったそうです。

尾身茂さんの「自分の夢に立ち返る」という視点

政府の新型コロナウイルス感染症対策分科会の尾身茂会長も、随分変わった経歴です。尾身さんの場合はそもそも外交官になりたかったそうです。東京教育大学附属駒場高校（現・筑波大学附属駒場高校）在学中にアメリカの高校に一年留学し、外交官になるために東京大学の文科一類を受けようと思ったら、入試が中止になってしまった。私より一歳年上ですが、大学受験は同じ一九六九年だったんですね。それで東大は諦めて、慶應義塾大学の法学部に入りました。

しかし在学中に、『わが歩みし精神医学の道』（みすず書房）という、宗教家・思想家の内村鑑三《かんぞう》の息子・内村祐之《ゆうし》の著書を読み、人を助ける医者という仕事に惹かれたそうです。ただ両親が慶應に入ってとても喜んでくれたし、高い学費を払ってくれているから、いまさら申し訳ない。そんなことを考えていた七一年、栃木県に自治医科大学ができることを知りました。

僻地《へきち》医療を維持するために、学生に六年間の学費と多少の生活費を全額貸与し、大学在学期間の一・五倍の期間（通常九年）、指定された医療機関で働けば返済を免除する、という大学です。

そこで尾身さんは途中で慶應をやめて、自治医科大学に入りました。卒業後は伊豆七島の小さな島の診療所で働き、あらゆる病気を診て、盲腸の手術なども行っていたそうです。

しかし東京に戻ってしばらくして、そうだ、自分は外交官になりたかったんだと突然思い出した。そこで改めて、自分自身の「夢」に立ち返り、外交の世界で医学的な知識が活かせる仕事としてWHOに入り、約二〇年間勤務するのです。自分のさまざまな思いをずっと大事にしてきた結果でしょう。

WHO西太平洋地域事務局長として、西太平洋地域におけるポリオ根絶を達成したことで尾身さんは世界的にも有名です。日本政府がWHOの事務局長として推薦しましたが、選挙で中国が擁立した香港の女性に負けてしまい、日本に戻りました。

進藤さんは世界中の患者を治したいとWHOに入り、尾身さんは国と国との立場を調整しながら医療を広めたいという思いでWHOに入りました。目的は違いますが、「もっとより広く、世界の人を助けよう」という強い思い、使命感が共通する人たちが、WHOで働いているのかなと思います。

中村哲さんの「社会のお医者さんになる」という視点

アフガニスタンで殺害された医師・中村哲さんも、同じく世の中をよりよくしたいという思いを持っていました。パキスタンのペシャワールに行って病人を診ていたら、隣国アフガニスタンから大勢の病人たちが国境を越えてやってくる。アフガニスタンはあまりに貧しく、病院もない。内戦が続いていて仕事もない、仕方がないから戦闘員になり内戦に参加する、という悪循環に気がつきます。

さらに二〇〇一年、アメリカ同時多発テロを受けてアメリカがアフガニスタンに軍事攻撃をし、アフガニスタン国内は大混乱に陥りましたが、実はアフガニスタンはその前年から、数百年に一度レベルの大干ばつに見舞われていました。中村さんは、アフガニスタンの社会自体をよくするための「社会のお医者さん」として何をすべきかと考え、まずアフガニスタン国内に一六〇〇本もの井戸を掘りました。

しかし地下水の枯渇をおそれたアフガニスタン政府が、井戸掘りの禁止を命じます。また壁にぶつかったわけです。中村さんはさらに考え、アフガニスタン東部を流れるクナール川から全長一三キロにおよぶ用水路を築き、毎秒六トンの水を乾いた大地に流し込むという「緑の大地計画」に取り組みました。最初は手掘りで、スコップと人の手でコツコツと掘りました。一日一～二ドルの日雇い給金で現地の人を雇ったことで、雇用を創出することもできました。

七年かけて、当初の計画の二倍となる二五キロの用水路が完成した結果、一万六〇〇〇ha(東京二三区の約四分の一にあたる面積)を緑化し、約六五万人の自給自足が可能となったのです。

このように中村さんは、干ばつに見舞われたアフガニスタンの畑に灌漑用水を造り、人々が貧しさから脱出し、戦争に参加しなくてもすむようにと尽力したわけです。困っている人を助けようという気持ちが、お医者さんという仕事と共通していたんですね。

何もかも順風満帆な人生を送る人なんて、世の中にそうはいません。人はみな、大なり小なり、いろいろな壁にぶつかるものです。その壁の向こう側に行くことができる人たちの共通項は、視点を変えるなど思考力を駆使すること、そして諦めないことなのです。

自分がよりよく変わるためには、こうした「乗り越える力」は不可欠です。それに加えてもうひとつ必要なのが、「問いを立てる力」です。人は凝り固まったステレオタイプ思考につい陥ってしまいます。常に自分の生き方や常識を見直しアップデートしていかなければならないのです。第4章ではこのことについて詳しく述べていきましょう。

第4章

ステレオタイプ思考は脱却できる

——問いを立てる力

1　自分の生き方や常識を見直す「問い」の立て方

若者の意識調査の裏に「過保護な親」問題が

人は普段、さまざまなステレオタイプ思考に囚われています。ステレオタイプとはもともと、「同じ鋳型から打ち出された多数のプレート」という意味です。社会学や政治学の用語としては、「一定の社会現象について、ある集団内で共通に受け入れられている、単純化された固定的な概念やイメージ」を表しています。

「偏差値の高い学校を卒業した人は頭がよく、そうでない人は頭がよくない」「女性は理系科目が苦手だ」などといった固定観念、ステレオタイプに囚われて、疑わずにいると、頭が凝り固まり、思考力があるとは言えない人になってしまいます。

ステレオタイプ思考から脱却するには、自分で「問い」を立てる力が必要になります。

ここで一例として、日本財団が二〇一九年に実施した、一七歳から一九歳の九ヵ国（日本、インド、インドネシア、韓国、ベトナム、中国、イギリス、アメリカ、ドイツ）の男女、各国一〇〇〇人に行った「第20回　社会や国に対する意識調査」を紹介します。この結果の読み取り方について、ステレオタイプ思考に囚われていないか、一緒に考えてみましょう。

この調査では、「自分は責任がある社会の一員だと思う」という項目に「はい」と答えた割合が、最も高いのがインドの九二・〇％、低いほうから見ると日本の次にくる韓国が七四・六％で、日本は四四・八％と、非常に低いものでした。つまり、社会のことを他人事だと考えているということで、これは深刻な問題です。

こうした結果は一見すると、「日本人は子どもっぽい」「現状への満足度が高く、社会を変える意識が低い」などというステレオタイプな結論にたどり着きそうですが、果たして本当にそうでしょうか。他の質問の結果を見てみましょう。

「自分を大人だと思う」という項目は二九・一％で、日本は圧倒的な低さです。これは韓国も低めで四九・一％。逆に、中国やインド、イギリス、アメリカは八〇％台です。

私が教えているある私立大学の学生のリポートに、社会問題について「私が大人になったらこうしたい」と書いたものがありました。私は学生たちに向かって、「君たちはもう一八歳以上なんだから、立派な大人だ。『大人になったら』などと考えるな、社会に責任を持ちなさい」と言ったものです。自分を大人だと思っていないから、責任がある社会の一員だとも思えないということが、この調査でも如実に表れています。

しかしこれは、子どもが大人になりきれていないというよりも、日本と韓国の共通点として、親が過保護だということのほうが真の原因ではないかと考えられませんか。

最近の親は本当に過保護で、すぐに先回りしてあれこれと子どもの世話を焼きます。「支度はできているの？　ランドセルに教科書は入れた？」だとか、「ハンカチ、ティッシュは持ったの？」だとか、口うるさく言います。常にそんなことを言われていると、自分で何とかしようという気は起きないでしょう。

さらに親が大学の入学式に来るというのも、驚くべきことです。よく覚えているのが、私が大学生の頃、朝日新聞に「最近、大学の入学式に親が来るケースがある」という記事が載っていてびっくりしたことです。このときも「そんなに過保護が進んでいるのか」と思いましたが、いまや「ケースがある」どころではなく、ほぼ全員の親が入学式にやってきます。

東京工業大学でも、入学式の日に大岡山キャンパスの入り口に「東京工業大学入学式会場」という大きな看板があると、親子で記念撮影をしようと長蛇の列ができます。そこで、キャンパスの中にも、もうひとつ同じ看板を作って、「こっちにもありますから、分散して並んでください」と交通整理をしているほどです。

たとえばアメリカでは、一八歳になると親から「もう大人なんだから家を出ていけ、自活しろ」と言われます。特に大学に進学すると、だいたいキャンパス内の寮に入って共同生活をします。大学の学費ももちろん、親が出したりはしません。だから学生本人が一生懸命、奨学金に応募して支給してもらったり、学費ローンを組んだりします。

日本では返す必要がないものも、いずれ返さなければいけないものも、両方を「奨学金」と呼びますが、奨学金のグローバルスタンダードは、返す必要がないお金のことを指しています。

多くの学生は学費ローンで借金をし、大学に通い、社会に出てからそのローンを返すわけです。だからこそ、授業を一生懸命聞いています。一方で日本の大学生は、多くの場合、親がお金を出してくれていて自分の懐は痛みませんから、授業中に居眠りをしていたり、授業をサボったり、授業に出ないでアルバイトをしたりするわけです。

ただ、日本でも不況が続いたことで奨学金を借りる学生が増加していますし、コロナ禍で「対面授業に出たい」という気持ちは以前よりも強まっているようなので、一概には言えません。しかし基本的に、親が過保護かどうかで、勉強への意欲にも市民意識にも、大きな違いが出ています。

ですからこの調査結果に関しては、「日本の若者はけしからん」ではなく、「日本の大人は情けない」という見方もできるのです。

革命への成功体験があるかないかで市民意識に差が

次に「自分で国や社会を変えられると思う」という項目の回答結果についても、「はい」と答えた割合が日本は一八・三％と低い結果となっています。これも「日本の若者は社会に対する責任感が低い、けしからん」という結論になりそうです。しかし本当にそうでしょうか。

この調査にフランスは入っていませんが、たとえばフランスでは、「年金制度を変えて、受け取り可能年齢を先延ばしにする」などと政府が言えば、年金受給はまだまだ先の高校生でも怒ってデモをします。街に出て抗議行動をするフランスの若者たちに、どうしてそうするのかと聞くと、「われわれはフランス革命の国である」と答えます。人々が立ち上がったことによって、革命を成功させて国のかたちを変えたんだ、という成功体験を持っているからこそ、行動するのです。

それを考慮すると、この質問の回答には国民としての成功体験が大きく影響しているのだろうと思います。

「はい」と答えた割合の高いインドネシア（六八・二％）も、強権的なスハルト政権（一九六八〜九八年）のもと、人々が街に出て激しい闘争をした結果、民主化が実現しました。人々が立ち上がって大きく動いたからこそ、世の中を変えることができた、という成功体験があると、「自分で国や社会を変えられると思う」という意識が生まれるのでしょう。

一方で日本は残念ながら、明治維新は武士同士の戦いで、その他大勢の民衆が立ち上がったわけではありませんでしたし、一九六〇年の安保闘争も七〇年の安保闘争も、結局何も実現しないまま潰れてしまいました。

フランスでは、一九六八年の五月革命が、フランス革命と並び人々に大きく評価されています。学生たちがデモを行い警官隊と激しく衝突をするという、日本の学生運動とまったく同じことが、フランスで起きたんですね。パリの学生街「カルチェ・ラタン」で、学生たちに向かって警官隊が催涙弾を撃ったりしていました。

日本でも、明治大学と中央大学と日本大学のキャンパスがあった東京の神田で、学生と機動隊とが激しくぶつかり、催涙弾が撃ち込まれ、神田は「日本のカルチェ・ラタン」と呼ばれました。学生たちはどんどん過激になっていきましたが、結局、世の中は何も変わりませんでした。

そして左翼は党派内や党派間の内ゲバ（内部ゲバルトの略、ゲバルトはドイツ語で暴力）がエスカレートし、七一年から七二年には連合赤軍の、仲間内でのリンチ殺人事件（山岳ベース事件）や、メンバーが人質をとって立てこもり、警察官など三人を殺したあさま山荘事件など悲惨な事件が起き、学生運動は若者の支持を急速に失いました。

一方でフランスの五月革命は、当時の参加者に話を聞いたところ、女性の地位が劇的に向上するという成果を挙げたそうです。フランスは男女平等が徹底されているというイメージがありますが、実は五月革命以前は女性の社会的な地位は極めて低く、女性の社会進出は全然進んでいないし、女性差別も強かったそうです。五月革命によって、フランスの社会意識が大きく変わり、女性の権利を認め、男女平等となった。ここでも彼らは成功体験を持っているわけです。こうした成功体験がある国とない国とでは、違いが出てきてしまうようです。

つまり「自分で国や社会を変えられると思う」という若者が日本に少ないのは、日本のいまの若者固有の問題なのではなく、歴史的経緯を踏まえた問題であると考えるべきではないでしょうか。

ただ中国の同項目の結果（「はい」六五・六％）は、共産党の徹底した思想教育の影響でしょう。「中国共産党の力で日本に打ち勝ったんだ、封建制度から人民を解放したんだ」と徹底的に教育されることによって、そういう意味で「世の中を変えることができるんだ」と思い込まされているのでしょう。いま、中国の若者たちが本当に世の中を変えよう、共産党を打倒しようなんて考えたら、あっという間に捕まってしまいます。

こういう調査は、どのような状況の中で行われたのかまで見ないといけません。日本財団がどういうかたちで調査したのか、どこかの調査機関に任せたものなのか。さらに言えば、中国で日本の組織が調査をするとなると、どこの誰に回答させるのかは中国共産党が決めるわけで、無作為抽出での調査は不可能です。そのため、共産党の期待するとおりの答えを出す人がたくさんいたのではないでしょうか。中国と同じく社会主義国ベトナム（「はい」四七・六％）の調査結果には疑問を持ちますね。

このように、国別の意識調査の結果をステレオタイプに囚われず疑問を持ちながら見てみるだけでも、各国の情勢が異なることを「考える」きっかけが生まれます。

世の中には、決まりきったものの見方ではいけないことがたくさんあります。冷静に立ち止まって考えるクセを身につけてほしいと思っています。

証明された経済学者・宇沢弘文さんの先見の明

二一世紀に入ってから、効率一本槍の新自由主義的な方向への変化を加速させてきた日本では、「無駄の削減」などの掛け声のもと、医療や福祉、物流、小売り、公共交通機関など社会の基盤をなす仕事や、その仕事に就いている「エッセンシャルワーカー」たちを顧みてきませんでした。しかしコロナ禍で、私たちは改めてエッセンシャルワーカーのありがたみを痛感しました。

このエッセンシャルワーカーの重要性を、一九七〇年代から提唱していた経済学者がいます。宇沢弘文さん（一九二八〜二〇一四年）です。

コロナ禍で特に問題となったのは、保健所の不足でした。日本の保健所はすごい勢いで削減され、三〇年前に約八五〇ヵ所あったのが、二〇二〇年には四六九ヵ所と、その数は六割以下となっています。結果的に、コロナ禍で保健所の業務がパンクしてしまいました。

新型コロナに感染したら、必ず保健所に報告がいきます。だから本来は保健所が入院先を決めるのですが、患者が急増した地域ではとてもそこまで手が回らないため、救急車の救急隊員が「どこか空いている病床はないですか」と探し回らなければいけなくなりました。

病院に入れないとなると自宅療養となるわけで、そうなると改めて保健所の管轄になり、自宅療養の人たちに毎日電話をかけて、具合はいかがですかと確認をします。あるいは、陽性者は外に買い物にも行けないから、インスタント食品やティッシュペーパーなどを届けないといけません。その手配などを全部保健所が担うことになり、パンクしてしまっているわけです。

三〇年前の保健所の数が現在もあれば、こんなことにはならなかったのではないか。しかし衛生環境が改善してきた日本で、コロナ禍以前は保健所が外部からは「暇」のように見えていて、その数が削減されてしまったのです。

私が幼稚園児の頃などは、感染症が全国でひっきりなしに起きていました。当時住んでいた東京の吉祥寺では、赤痢が発生するたびに保健所の人が防護服を着てやってきて、街中に白い消毒液を撒いているのを見かけたものです。六四年の東京オリンピック直前には、千葉県や静岡県などでコレラの感染者が見つかり、大問題になったこともありました。七〇年代後半にも、和歌山県有田市での集団感染をはじめ、日本国内でたびたびコレラ感染者が発生していました。

しかしその後、国内での感染症の発生は激減していましたから、保健所は飲食店の衛生検査を踏まえた営業許可、乳幼児の健診など、通常業務をするのに必要な数だけが配置され、縮小されていったのです。

やはり社会には「バッファー(余裕)」の部分が、どこにでも必要なんだなと改めて思います。

新自由主義は政府などによる規制の最小化と、市場での自由競争を重んじる考え方です。「こんなものはいらないだろう」といろいろなものが切り捨てられていますが、でもそれが実は大事なもので、社会的な「共通資本」だったということもあるのだと、改めていま、実感しています。

「何のため」と原点に立ち返れば前進できる

この「社会的共通資本」という概念を、一九七〇年代から提唱していたのが宇沢弘文さんなのです。社会的共通資本とは、「一つの国ないし特定の地域に住むすべての人々が、ゆたかな経済生活を営み、すぐれた文化を展開し、人間的に魅力ある社会を持続的、安定的に維持することを可能にするような社会的装置」を意味しています。

社会的共通資本は、大気や森林、河川、土壌などの「自然環境」と、道路や交通機関、上下水道、電力・ガスなどの「社会資本」と、教育や医療、司法、金融などの「制度資本」の三つから成り立つとしています。

宇沢さんは学生の頃、当時日本で大きな影響力のあった書籍『貧乏物語』(河上肇、岩波文庫)を読んで、どうしてこの世の中にはこれほど貧乏な人がいるんだろうか、どうしてこんなに格差があるんだろうかと考え、これを勉強しようとして経済学を学び始めました。

それまでの宇沢さんは、純粋に数学が好きで数理学を研究していました。河上肇に触発されて経済学に方向転換した後、経済学のさまざまな理論を数学的に処理する数理経済学の分野で一躍有名になり、世界のトップレベルの研究者として、アメリカで活躍していました。

しかし大国アメリカが介入した悲惨なベトナム戦争をきっかけに、いまいる世界へ大いなる疑問を持ち、経済学を始めた当初の目的、原点に返るのです。自分は何のために研究をしているのか、と自分で自分に問い続けたのでしょう。

そこで、戦争や格差があるこの世界を改めて研究しなければと考え、宇沢さんはシカゴ大学の教授という職を辞して、東京大学の助教授という格下のポジションで日本に戻ってきました。当時、「ノーベル経済学賞にいちばん近い日本人」と言われていた研究者でしたから、経済学界の界隈では相当な話題に上りました。

そうして帰国後に出した著書が『自動車の社会的費用』（岩波新書）です。これを読んだときには「こういう考え方があるのか」と衝撃を受けました。

高度経済成長真っ只中で、自動車がどんどん増え、みんながマイカーを持てるようになる。「これこそ豊かさのシンボルだ、いずれ自分も車を持ちたいな」と私も含めて多くがそう思っていた時代に、自動車は購入代金とガソリンなどの維持費だけではなく、道路維持費、排気ガス問題、交通事故など、社会に大きな負の影響を与えている。本来、自動車を持っている個人が負担すべき費用を社会が全部負担しているのだ、ということを考えさせる本でした。「経済学はこういうことにも役に立つのか」と、目から鱗が落ちる思いでした。

広大なアメリカから日本に帰ってきたとき、宇沢さんは大気汚染や排気ガスのひどさにびっくりしたのだと思います。川は汚れて悪臭が立ちのぼり、大気汚染でぜんそく患者が続出するという、それはひどい状態の日本を見て、人間が人間らしく生きるために、経済学を役立たせなければいけないと考えたのでしょう。

こうした研究の到達点が、「社会的共通資本」という概念です。

当時の私をはじめとした多くの人たちは、大気汚染や水質汚染について、「経済が発展すりゃ、そういうもんだろう」と思っていました。一九六〇年代の北九州市や四日市市など、

「四大公害病」が発生していた地域の小学校や中学校の校歌などでも、「煙突から出る煙がわが町の誇り」などといった、いまから思えばびっくりするような歌詞がたくさんあったのです。公害が大きな社会問題となってからは、その部分の歌詞だけが環境に配慮した文言に差し替えられています。

自分の生き方、暮らしている地域や国、自分が長年培ってきた常識などに対して、改めて疑問を持ち、問いを立てるというのは非常に難しいことです。だからこそ意識して冷静で客観的な視点を持ち、本来的に何が問題なのか、常に問い続けなければ、現実の問題点というのはなかなか見えてきません。宇沢さんが「先見の明」を持てたことの根底には、当時の常識や「ステレオタイプ」を疑って、常に問いを立て続けた宇沢さんの姿勢があったのだと思います。

一度これまでとは違う環境に身を置いてみるということは、こういう意味でも有意義です。育ってきた場所から、大学進学を機に別の地方で暮らしてみる、一度海外で暮らしてみるなどすることによって、ふるさとを客観的に見ることができるようになるでしょう。「外」を見ることで視野が広がるのです。

宇沢さんの学問探究の根底には、「苦しい人を助けるため」といった目的意識がありました。そうして、社会的共通資本などの研究結果が生まれたのです。「何のため」という目的意識は、思考力に大きな力を与えてくれるのだと思います。

縁あって宇沢さんの著書『経済学は人びとを幸福にできるか　新装版』（東洋経済新報社）に寄せた序文の冒頭に、私はこう書きました。

「経済学は、何のための学問か。人を幸せにするための学問ではないか。（中略）人々を幸福に少しでも近づけるために、経済学の理論は、どう構築されるべきなのか。これを生涯にわたって追究してきたのが、宇沢弘文氏です」

ちなみに宇沢さんの家はお医者さんの一家で、代々医師を輩出していました。宇沢さん本人だけが経済学の道に行き、娘の占部《うらべ》まりさんも医師になり、孫娘の方も医学部に通って医師を目指しています。お医者さん一家で育ったことも、宇沢さんが世の中の問題点を「治療する」役割を担うという自覚を持った一因かもしれません。

「メンターならどう考えるか？」と自分に問いかける

私はよく、さまざまな問題に直面するにつけ、「宇沢さんだったらどう考えるのだろうか」と考えます。宇沢さんが私のメンター的存在となっているのです。

生き方でも仕事でも、遊び方だって、「素敵な人だな」「この人に憧れるな」と思ったら、自分で勝手に「この人はメンターだ」と思ってみましょう。メンターには自然と出会う場合もあるし、なかなか出会わない場合もあるでしょうが、実社会の中で周りの人のいいところをよく観察していれば、いずれ出会えるものです。

メンターには、自分から積極的にアドバイスを求めてもいいでしょう。好意的な気持ちというのは相手にも伝わりますから、親身になって答えてくれる場合が多いはずです。ただし一方的な思いをしつこくぶつけるとストーカーもどきになるので、要注意ですが。

あるいは、宇沢さんのように故人であれば、その人の生き方や残したものを知ることによって、「こういうときにはこの人はどう考えるだろうか、どう行動するだろうか」と想像してみるのです。メンターと仰ぐ人の考え方を、基礎的な知識、基盤としてよく知っていなければ想像はできませんから、結果的に、その人の考え方を学ぶことにつながります。

また「この人ならどうするか？」とは、つまり応用力でもあります。自分が抱えている問題について、メンターは何も語っていなかったということは、往々にしてあり得ます。そのときに、「メンターのこれまでの主張や意見を踏まえれば、この問題にはどのように答えるだろうか」と考えるのは、まさに思考の応用力です。

2 「正解のない問い」を考える力

ネット検索が自分で考えるチャンスを奪う

日本の教育では、「正解のある問い」の「答え」を頭にたたき込むという手法が主流です。その弊害として、素直すぎる人が増えている気がします。ネット検索をすると「答え」が出てきますが、検索結果のいちばん上に出てきたものをそのまま信じて、それ以上調べたり考えたりしない人が急増しているのです。何か知りたいことがあると、すぐにスマホを出して検索して、そのまま納得してしまうというのは、老若男女を問いません。

検索結果の「答え」は、ＩＴ会社が作った検索エンジンのアルゴリズムにもとづいたものであって、「正解」とは限りません。「これは本当かな」と基本的には疑ってかかるべきです。「正解がある」という思い込みがあると、素直に信じてしまったり、安易に検索してわかった気になってしまったりします。

また人は不思議なもので、図書館に行ったり百科事典を読んだりして、苦労をして調べたことは忘れませんが、ネット検索で簡単に答えが出てわかった気になると、身につかないものです。「あのとき調べたけど、なんだったっけ？」と、なかなか思い出せない。勉強をしていても、自分で一から四苦八苦考えて解いたときと、初めに解き方や答えを見てから解いたときとでは、身につき方が全然違います。無意識のうちに、思考力を鍛えているかどうかの違いでしょう。

キーワードを入れたら瞬時に答えが出て思考力が成長するきっかけがないこと、「すぐに答えが出てくるのだから、あらゆることに正解はあるのだ」と思い込んでしまうことは、ネット検索の大きな弊害です。

考えないほうが楽という人が増加中

世の中や人生には、「正解」がなかなか見つからないということは、たくさんあります。どんな仕事が自分に向いているのか、誰と結婚するのかしないのか、子どもの教育方針、自分に合った病気の治療法などなど……。

「正解のない問い」を考える力なんて自分にはない、いっそ最初から考えないほうが楽だ、という若い人も増えているようです。

ニュース番組の街頭インタビューを見ていて、新型コロナの感染者数が増えつつあるけれどまだ緊急事態宣言は出ていないという頃に、渋谷の若者たちが「早く緊急事態宣言を出してくれないと、俺たちどうしていいかわからない」と答えていました。自分で考えて判断しなさいよ、と思わずテレビの前で突っ込みを入れてしまいました。

いまの子たちは、とても素直です。小学校、中学校、高校と、ずっと先生や親の言うことを素直に聞き、反抗期もそれほどないまま成長して、それが「いい子」だと刷り込まれていると、目上の人、地位のある人が言ったことをそのとおりにやっておけばいいんだ、と「考えない人」になっていく。それが結果的に、「お上が緊急事態宣言を出してくれないと自分たちでは判断できない」という思考回路になってくるのではないかと思います。

私が学生の頃は多くの仲間が生意気で、「何で制服を着る必要があるんだよ」などと反抗していました。私も都立高校に通っていた頃、「学校の校則には『標準服』と書いてあるだけで、『制服を着ろ』とはどこにも書いていない」と主張して、詰襟の制服ではないものを着ていき、先生を困惑させたりしていたものです。

単に生意気だっただけですが、当時は権威には反抗するものだという学生運動の空気もあって、目上の人の言うことを聞く必要はない、自分で判断すればいいんだ、という考え方でした。

いまは理不尽な校則が「ブラック校則」などと呼ばれ、ニュースで取り上げられもします。一九七〇年代や八〇年代、全国的に学校が荒れていた頃に、何とか統制をとろうと、先生たちにとって指導しやすいかどうかという観点で作った校則が、そのままずっと続いてきているのです。

靴下は白でなければならずワンポイントがついているものもダメ、女子生徒のスカート丈は膝下何センチでなければならない、などです。さらには頭髪の「染色・脱色」を禁止する校則がある学校で、生まれつき髪が茶色の生徒に対し、先生が黒く染めるよう強要するという事態まで起きています。染色が禁止なのに「黒に染めろ」とは、おかしな話です。こうした指導を受けたある生徒は不登校になってしまい、裁判にもなりました。

多くの生徒は「いまどきどうしてこんな校則を守らなければいけないのか」という疑問を持たず、先生側もそうした疑問を持たせないようにしています。こうした状況はおかしいでしょう。

本来的には、生徒たち自身で校則を作ればいいと思います。自分たちで作れば、理不尽でない校則ができるし、それを守るようになるでしょう。生徒たちを抑えつけるのではなく、生徒たちに自分で判断をするという経験を積ませることが、大事なのです。

「問い」自体を疑うことも思考力

東京工業大学の講義で以前、ブータンにおける「国民総幸福（GNH＝Gross National Happiness）」の話をしたことがあります。

「国内総生産（GDP＝Gross Domestic Product）」は、一定期間内の経済活動のすべてを金額で換算して、各国の豊かさを見る指標です。でもGDPにも限界があります。たとえば交通事故が多く、毎年多くの車が廃車になって新車が売れるとなると、GDPは上がるわけですし、多くの人が交通事故で怪我をして病院で治療を受ければ、医療費がかかってそれだけGDPは上がります。交通事故という不幸なことによってもGDPの金額は増えていくのです。

一方でブータンは、国民総幸福という考え方で、二年ごと八〇〇〇人に聞き取り調査しアンケートをとって、数値を算出しています。たとえば「あなたは一日に瞑想《めいそう》する時間をどれだけ持っていますか？」という質問がある点、さすがチベット仏教の国だなと思います。日本では瞑想する時間なんて持っていないという人が大半でしょうが、一日に三〇分でもじっくりと心を鎮める時間を持つことができれば、それは心のゆとり、生活の豊かさにつながるでしょう。

また「あなたは地域の祭りに参加していますか？」という質問もあります。これはつまり、地域の祭りが存続していて、地域のコミュニティがしっかり残っているということです。いま日本では高齢化が進み、祭りがどんどんなくなってきています。地域に祭りがあって、それに参加しているということは、すなわちそのコミュニティの中で受け入れられているということです。幸せを表す尺度として、納得です。

この講義の数週間後、抜き打ちの小テストをして、「もし日本でGNHというものを算出することになったら、あなたはどんなアンケートの項目を立てますか？　それを答えなさい」という問題を出しました。

私はそのとき、もしこういう答えがあったらいい点を与えようと思っていたものがありました。それは「幸福というのは極めて主観的なものであって、これを客観的なデータで算出することはできない。よって、池上教授の問い自体が成り立たない」というものです。

さすがにこのように書いた学生はいなかったのですが、それでも「極めて主観的なことを客観的データで算出することはできないが、池上教授がそれを出せというから、仕方がないから答える」という前提条件を書いていた学生がふたりいました。彼らにはいい点数をあげました。つまり、問い自体を疑うし、そんな問いに答えなんかないよと思ったら、率直に伝える。そういうことが、実は大事なのではないかと思うのです。

いまあなたも一生懸命、どんなアンケート項目にしたらいいだろうか？　と、思わず考えていたのではないでしょうか。

リーダーの適性検査「コバヤシマル・シナリオ」

問い自体を疑うということに関連して、アメリカで「コバヤシマル・シナリオ」として広く知られているものがあります。アメリカのテレビドラマと映画で長寿シリーズとなっている『スター・トレック』に出てくるエピソードです。

『スター・トレック』は私も夢中になって見ていました。意外なことに日本的な名前の船が出てきます。アメリカ人にとって、日本の船の名前には「丸」がつくというイメージが強いのでしょうか、宇宙船であっても船名に「丸」とつけてあるんですね。

シリーズ初期の頃、銀河系宇宙の連合軍に対して、クリンゴンという異星人たちの帝国が敵対しています。その連合軍とクリンゴンとのあいだに非武装地帯があり、おたがいにそこは侵さない、もしも侵したら相手から総攻撃を受ける、という条件になっています。

主役のカーク船長は、士官候補生時代に宇宙戦艦の艦長の適性検査として、あるシミュレーションゲームをやることになります。

「コバヤシマル」という民間の貨物宇宙船が動力を失ってしまい、宇宙を漂流し始めて、その非武装地帯の中に入ってしまう。このままでは、コバヤシマルはクリンゴン星人の攻撃を受けて、乗組員が全滅するため、なんとか助けなければいけない。助けに行けるのは、近くにいるエンタープライズ号だけだ、というものです。

当然エンタープライズ号は、コバヤシマルを助けに行かなければいけない。でも行けば、クリンゴン星人の総攻撃を受けて、コバヤシマルもエンタープライズ号も全滅するかもしれない。助けに行かないという選択をすると、エンタープライズ号は無事に帰れるけれど、コバヤシマルは全滅する。どちらのシナリオを選ぶか、候補生たちは判断を迫られる、という訓練を受けるわけです。

コバヤシマルを助けて、全員で無事に生還するというシナリオはありません。つまりアメリカ人が「これはコバヤシマル・シナリオだよね」と言うときは、絶体絶命、どっちに行ったっていいことがないというシナリオなのです。

艦長としての適性検査ですから、他の人を助けない、自分さえよければいいという態度では艦長にはふさわしくないことになります。全滅することがわかっていても、わずかの可能性に賭けて自分の身を顧みずに助けに行く、その態度のとり方を見ているテストなのです。

しかしカークは、前日にこっそりとそのシミュレーションゲームのプログラムを書き換え、全員助かるようにしました。普通は、所与の条件のもとでどうするか、ということを必死に考えますが、カークは与えられた条件を変えてしまうのです。

このシーンを見たときに、「ずるいじゃないか」と思いましたし、劇中でも判定官が、これをどう評価するか迷うというシーンがありました。しかし、いかにもアメリカ的だなと感心もしました。与えられた条件のもとでどうするか、私たちはつい一生懸命考えてしまいますが、条件を変えてしまうことができないかと考える、この思考力が、実は大事なことなのかなと思うのです。

ちなみに『スター・トレック』のファンを「トレッキー」というのですが、主人公たちが乗り込んでいる宇宙船エンタープライズ号の名前をスペースシャトルにつけようという運動が、トレッキーたちを中心に起きました。結果的に宇宙へ行くスペースシャトルでは実現しませんでしたが、地上にプロトタイプを置いて展示することになったとき、それにエンタープライズ号という名前がつきました。そのくらいアメリカの、とりわけ男の子たちに、『スター・トレック』は大人気なのです。

『スター・トレック』には、ヒカル・スールーという乗組員が、エンタープライズ号を操縦する航宙士という非常に重要な役で登場します。演じていたのはジョージ・タケイ氏というハリウッドの日系人俳優でした。太平洋戦争が始まった折には、彼は親とともに強制収容所に入れられ、戦後俳優となりました。

ジョージ・タケイ氏はヒカル・スールーのイメージがついてあまりに有名になりすぎたために、他の仕事がこなくなってしまったというほどでしたが、最近になって再び注目を浴びました。同性愛者である彼は、アメリカ・カリフォルニア州で同性婚が認められたときに真っ先に結婚し、それがアメリカで大きなニュースになったのです。

最近の劇場版『スター・トレック』でのヒカル・スールー役は、いまでは韓国系アメリカ人のジョン・チョー氏が演じています。

思考力とは「問いを立てる力」

思考力として大事なことは、つまるところ、答えを見つけることではなく「問いを立てる」ということなのです。

私たちは、学校教育で正解のある問題ばかりを解いてきたため、つい「正解が必ずあるんだ」と考えがちです。そして大学に入ったり社会に出たりして、何が正しい答えかがわからない状況、正解のない状況に直面し、不安になったり、自分の考えが浅いなと落ち込んだりするのです。

そのつど、真摯に自分で考え、「答えはあるのかないのか」「この問い自体に問題はないのか」「条件はあるのかないのか、あるとして変えられないのか」「当たり前と言われていることは正しいのかどうか」などと、自ら試行錯誤しながら問いを立てて考えてみること、これが本当の思考力なのです。

問いを立てる力があれば、序章で述べたようなデマや陰謀論にも惑わされることなく、自分なりに思考して、それらをしりぞけることができるでしょう。

第5章

思考が深まる、新しい発想が湧く

——対話の力

1 思考力が鍛えられる対話実践法

自分や相手の内面にある論理がわかる

自分以外の相手との「対話」は、自分の思考力を鍛えるために非常に有効です。思考力の実践編として、対話力を身につけることをお勧めします。

対話は「会話」と似ていますが、その意味は違います。対話は英語で「dialogue」といい、「公式な話し合い」「言葉を通じてたがいの考えを理解し合うこと」を指しています。一方の会話は、英語では「conversation」で、友人同士などの「内輪の話」「日常生活におけるコミュニケーションとしての会話」を指しています。

対話は、哲学でテーマを追求していく形式として、古代から活用されてきました。古代ギリシャの哲学者ソクラテス（紀元前四六九年頃〜前三九九年）は、人々に対して質問を投げかけ対話することで思索を深めたといいます。

一九六〇年代にアメリカの教育現場で生まれた「哲学対話」も、おたがいを否定せずテーマに沿った意見を自由に発言し合うというもので、思考力を育てられるとして、ここ一〇年ほど日本でも学校のアクティブ・ラーニングの授業に取り入れられつつあります。

では、なぜ対話で思考力を伸ばすことができるのでしょうか。それは、人はそれぞれの内面に論理を持っているからです。これを「内在的論理」と言います。その内在的論理を知ることができる方法こそが、対話だからです。

あらゆることを自分とまったく同じように捉えている人なんて、この世にはいません。人はひとりひとり、みんな考え方が違います。自分の経験に対しての感じ方、考え方は人それぞれ違いますし、その積み重ねで構成されていく内在的論理も、まったく違うものなのです。こうした「自分とは異なる他者」の内在的論理を理解することで、ときにひとりよがりになりがちな自分の思考に、幅と深みを持たせることができるはずです。

対話でよりよい考えに導くヘーゲルの弁証法

対話によって、「よりよい考え」を目指すこともできます。これは一八世紀に生まれたドイツの哲学者ヘーゲルが体系化した「弁証法」に出てくる基本概念のひとつで、「アウフヘーベン（止揚《しよう》）」といいます。

小池百合子東京都知事が二〇一七年、築地市場の移転問題や新党（希望の党）結成記者会見などで「どう判断するか、そのためのアウフヘーベンが必要だということを申し上げた」などと使い、話題となった言葉です。このとき若い記者たちはきょとんとしていましたが、ヘーゲルやマルクスの書籍によく出てくるため、一九五〇年代生まれの私や小池氏の世代にはなじみ深い言葉です。

アウフヘーベンはドイツ語で「持ち上げる」という意味です。あるひとつのテーマや主張を「正」とすると、それに対するアンチの「反」が必ずある、その正と反とを「合」、すなわち総合して、より高みに持っていくということです。この過程のことを「正反合」と言います。

たとえば私は大学の講義やシンポジウムの場で、なんとかアウフヘーベンを実現しようとしています。ある意見を言っている人がいる一方で、その反対のことを言っている人もいるというとき、「相手はこういう反対意見を言っていますが、あなたはどう思いますか」とわざと意見をぶつけさせたり、あるいは「一見反対のことを言っていますが、この部分では一致できるんじゃないですか」と第三の道を提起することによって、話をまとめたりするように心掛けているのです。

対話に応じない相手なら、まず話を聞く

ジャーナリストとしてのインタビュー取材も、相手との「対話」だと思っています。ときには、まったく共感できない人にインタビューをすることもあります。

こうしたときも、対話によって相手の内在的論理を知った上で、反対意見をぶつけ、アウフヘーベンすることを心掛けています。もし向こうの言い分にもそれなりの理由があれば、それを評価しつつ、こちらの言い分との相違点をすり合わせていくことはできないのか、そこに何らかの解決策や妥協策が見いだせるのではないか、と考えて質問をしていきます。

相手の主張は間違っている、反論したいと思っても、相手が自分の主張をぶつけるばかりで対話に応じない姿勢であっても、とりあえず我慢して、まずは相手の言い分をしっかりと聞くことが大切です。ときには、わかっていてもあえて知らないふりをして「よくわからないので教えてください」と伝え、相手の主張を披瀝《ひれき》してもらいます。

その上で「いや、でもあなたはそう言うけれど」と、その相手の内在的論理の弱点や不十分な点に突っ込んでいく、そういう取材をするのです。その内在的論理はあまりに一方的ではないか？　論理が破綻しているのではないか？　それは周囲に理解されないものではない

か？　などと、相手に指摘するまででとどめます。相手がそれで「あれ？　確かにそうかも」と思ってくれれば、それでＯＫです。

それ以上のこと、たとえば「あなたの考えは間違っている」などと言うと、誰にでもプライドがありますから、プライドを傷つけられて怒り出してしまうかもしれません。それでは単なる喧嘩になってしまい、生産性のある対話にはなりません。「なるほど、あなたはそういうふうに考えるんですか。そういう意見なんですか。でも、それだとこんなことになってしまいませんか」と言うまででとどめ、深追いしてはいけません。

2 ますます求められる対話型リーダーシップ

ダライ・ラマ一四世が目指す対話による平和的解決

これまでのインタビューを通じて、私が特に「素晴らしい人だ」と感動し尊敬の念を覚えたのは、チベット仏教の最高指導者であるダライ・ラマ一四世です。ダライ・ラマ一四世には、日本で四回、亡命先のインドのダラムサラで一回の、計五回お会いしました。すっかり心服し、それまで私は自分が無宗教だと思っていましたが、やはり仏教徒だなと自覚するようになったほどです。

チベットはかつて国として独立していた時期もありましたが、現在は中華人民共和国の支配下にあり「チベット自治区」となっています。中国の南西部に位置し、南のヒマラヤ山脈を挟んでネパールやインドと接し、北には崑崙《こんろん》山脈があり、平均標高約四〇〇〇mのチベット高原に位置しています。

ダライ・ラマとは、一五七八年、モンゴルの王アルタン・ハーンからチベット仏教の高僧ソナム・ギャツォに与えられた称号です。仏教の輪廻《りんね》転生《てんしょう》の考えから、代々生まれ変わると信じられています。先代のダライ・ラマ一三世は、一九一二年に中華民国が誕生した翌一三年にチベットの独立を宣言し、三三年に逝去しました。

現在のダライ・ラマ一四世（ダライ・ラマ法王）は三五年生まれで、二歳のときに一三世の生まれ変わりと認められました。四九年には毛沢東のもと中華人民共和国が成立して「チベット解放」を宣言し、中国人民解放軍がチベットを占領します。

翌五〇年、ダライ・ラマ一四世は一五歳で政治・宗教両面におけるチベットの最高指導者となりました。しかし五九年、ダライ・ラマ一四世が中国に誘拐されるという噂が広まったり、中国がチベット各地で僧院を次々に閉鎖、破壊していたりしたことから、行政中心地ラサで市民による「反中国」のデモが始まります。これを中国軍は残虐な方法で弾圧し、ダライ・ラマ一四世は国外への脱出を余儀なくされました。そしてインド北部のダラムサラにおいて、チベット亡命政権の元首となりました。

チベットの自由化のため「非暴力による闘争」を掲げ、対話による平和的解決を中国に求め続けています。八九年にはノーベル平和賞を受賞。二〇一一年に自らの意志により政治的指導者を引退し、現在はチベット仏教という宗教面のみの最高指導者となっています。

日本の若者たちに説く「愛」「怒り」

二〇一〇年、ダライ・ラマ一四世と日本の若者たちとが直接対話をする機会をいただき、私がその司会進行を務めました。対話の内容は『ダライ・ラマ法王に池上彰さんと「生きる意味」について聞いてみよう』（講談社）という書籍にまとめられています。

この中で私が特に心に残っているのは、「愛とは何ですか？」という問いに対する、ダライ・ラマ一四世の答えです。一部を抜粋しましょう。

「一般的に言われる愛は、一時的なものに過ぎないこと、『執着』と混在しているものが多いようです。つまり、自分の好きな人、自分のことを好きな人、あるいは自分に役に立つようなことをしてくれる人に対しては、愛情や優しさを持つことができても、逆に自分に害を与えるような人には、愛情ではなく怒りの心を持ってしまうのはよくあることです。その根底には、『偏見』が存在しています。

私たちが本当に育てなければならないのは、このような『偏見』が一切存在しない愛です。相手が自分に対してどのような表現をしてくるかによって心に生じる、一過性の感情ではありません。たとえ相手がどのようなことを自分にしてきても、相手に対して持つことのできる種類の愛情なのです」

さらに、「怒りをおさめるにはどうしたらいいですか？」という質問に対しては、ダライ・ラマ一四世は仏教用語の「縁起《えんぎ》」、何ごとにも相互の縁《えにし》があり、かかわり合って存在しているという教えを例に挙げて、

「現実は目に見えているよりもずっと複雑につながり合い、依存し合っています。見えている物だけでピンポイントに物事を考えてしまうことは現実的ではありません。（中略）目の前のことだけを考えず、それらはすべてつながっていると考えることができれば、あなたの怒りも鎮められるようになるでしょう」

と回答していました。

ダライ・ラマ一四世が世界中の人々から尊敬されているのは、現実のさまざまな問題に対し、仏教の教えにもとづいて真摯に答えてくださるからでしょう。現実的で具体的な問題に対して、仏教の真髄に触れながら対話をしてくださるのが魅力です。

いまは八六歳と高齢になり、コロナ禍もあって対話の機会が減っていますが、これまでに世界各地の五〇ヵ国以上に及ぶ国々を訪問し、国や宗教の指導者から学生まで、さまざまな人々との対話を重ねてきました。

「仏教とは何か」と一方的に教え諭すのではなく、相手に寄り添って、相手の知りたいことにもとづいた仏教の教えを聞かせてくれる、現代を生きる上での道しるべとしての「生きる智慧《ちえ》」を説くダライ・ラマ一四世の対話は、まさに優れた宗教家ならではでしょう。

どんな質問も自分を耕すきっかけになる

対話の重要性については、最近日本でも注目されています。ビジネスリーダーには「対話型リーダーシップ」が必要だと言われるようになりました。部下という他者の個性を理解し受け入れて、適性を見極めながら部下に役割を与えるリーダーということです。相手がどんなレベルであっても、同じ目線できちんとまず相手の話を聞くという「対話」の重要性が増しているのです。

縦型の上下関係が染みついている日本社会では、上司が部下に「そんなことも知らないのか!?」と言ってしまったり、そう頭ごなしに言われた部下が萎縮してしまったりします。私もNHKでの記者時代に、よく言ってしまっていて、とても反省したことがありました。

文部省(現・文部科学省)の記者クラブにいた頃のことです。NHKや新聞社は、入社すると地方支局の勤務から始めますが、民放テレビ局の場合は最初から東京勤務です。大学を出てすぐに文部省の記者クラブ担当となった民放テレビ局の女性記者がいました。

私が記者クラブを離れるとき、その記者は、「池上さんのことがとっても怖かったんです」と言うではありませんか。なぜかと聞くと、「『お前はそんなことも知らないのか』といつも言われていました」と告げられたのです。怖がられていたという自覚がなかったので、「そうだったのか」と驚きつつ反省したものです。

その後キャスターになったり、NHK「週刊こどもニュース」を担当するようになったりして、何度も「そんなことも知らないのか」と言いたくなる場面に遭遇しました。特に「こどもニュース」では、出演する子どもたちだけでなく、大人の番組スタッフからもしょっちゅう「わからない」と言われることに衝撃を受けました。

たとえば「警視庁と警察庁ってどう違うんですか」「警察と検察は何が違うんですか」などと聞かれます。社会部の記者であれば、こんな質問をしようものなら「ばか野郎」と怒声が飛ぶことでしょう。

あるとき、北朝鮮の不審船が現れ、初めは海上保安庁が追いかけ、途中から海上自衛隊も一緒になり不審船を追いかけた、というニュースがありました。すると「こどもニュース」のスタッフから「海上保安庁と海上自衛隊って、どう違うんですか」と聞かれました。これには驚きましたが、どうやって説明すれば相手はわかるのかな、と考えました。「海上保安庁は、たとえるならば『海の警察』で、警察と自衛隊が違うように、海上保安庁と海上自衛隊も役割が違うんだよ」と答えて理解してもらいました。

あるいは他のスタッフから、「逮捕状は誰が出すんですか」という質問もありました。「逮捕状は裁判官が出すんだよ」と答えると「どうして警察ではなく、裁判官が出すんですか」とさらに聞かれます。私はそれまでまったく疑問に思っていませんでしたが、その質問を受けて、初めてその理由について考えることができました。

答えはこうです。「警察が逮捕状を出せるんだったら、警察が疑わしいと思った人は誰でも逮捕できる、警察が圧倒的な権力を持った『警察国家』になってしまう。だから警察ではない第三者の裁判官が、法律の専門家としてこの人は逮捕するだけの証拠があるかどうかを客観的に判断して、逮捕してもいいよと逮捕状を出す仕組みになっているんだ。それによって、警察あるいは検察がやっていることが法律に違反していないか、人権侵害にならないかということを、第三者がチェックする仕組みになっているんだよ」ということです。

質問を受けたときに、「そんなことも知らないのか」と言うのではなく「どう説明しようか」と考えることによって、自分の思考も深まっていくのだということを知りました。つまりどんな質問であっても、ばかげた質問なんてないんだということです。

だからいまは、テレビ番組で芸能人たちから質問を受けるときにも、「なるほど、ここがわからないんだな。こちらの認識が深まってありがたいことだな」と思うようにしています。悟りを開いたような境地ですね。

一九九四年にNHK総合テレビで放送がスタートした「週刊こどもニュース」は、番組立ち上げ時に、NHKの上層部が子ども向け番組だからと考えて、教育テレビ（現・Eテレ）の番組制作局（現・制作局）スタッフに番組作りをさせることになりました。

報道局は私ひとりだけで、他はディレクター以下、教育テレビで子ども向け番組を作りたいとNHKに入ってきた人たちでした。彼らはNHK総合テレビのニュースをほとんど見ていません。職場でもずっと教育テレビの番組が流れていました。ニュースに関心がないから、新聞も読んでいません。そのためにびっくりするような質問が日々飛び出していたというわけです。

「疑問文」で話すと、相手は自分で考え納得する

テレビ番組のニュース解説で、私は「疑問文」を重ねていく話し方をしているということ

を、時事ユーチューバーでお笑いジャーナリストのたかまつななさんが、朝日新聞社のウェブメディアで分析してくれていました。

疑問文を重ねるのは、対話の手法のひとつでもあります。そうする理由は、「相手に自分の頭で考えてもらいたい」からなのです。

たかまつさんは、テレビ朝日の番組「池上彰のニュースそうだったのか!!」（二〇二〇年四月二五日放送）で、ゲストから「新型コロナウイルスによる緊急事態宣言はずっと延ばせるんですか？」と質問されたときの私の解説について分析しています。

このとき私はすぐ回答せず、逆にゲストの人に質問していました。

「これはいつまでということは決まっていないもので、延ばすことは可能になるんですね。ただし、最初はね、東京とかあるいは大阪とか福岡で、その後さらに拡大しましたね？」

「いわゆる特定都道府県と全国というかたちになりましたでしょ？」

「たとえば岩手県っていうのは、感染者ゼロですよね？」

「こういうところも本当にこういう対策を続ける必要はあるのか？　という議論もある」

というようにです。なぜかと言いますと、ここで質問に対し、「緊急事態宣言は、はい、延ばせるんです」と答えてしまっては、話はそれきりで終わってしまいます。でも「いまの岩手県の感染者はゼロですよね?」と疑問文にすると、相手は「ああ、そうだそうだ」と思い出して考えてくれます。「そんなところにも宣言を続ける必要があるんですか?」と疑問文で投げかければ、相手は「それは必要ないかも」と考えて気づいてくれるというわけです。

相手が自分の頭で考え、納得してもらえるように、こちらは簡単な疑問文を投げかけていくのです。

たとえるならば、私が階段の上に立っていて、階段の下にいる人が「これは何ですか?」と質問をしてきたときに、「こうだよ」と上から言ってしまわない。階段の段差を低く設定して、「こうでしょ?」と確認すると相手が少し上がる、さらに「こうですよね?」と聞くと「そうそう、確かに」とまた少し上がる、ということのくり返しで、上まで上ってきてもらうのです。

それは手に手をとって階段を一緒に上っていくということではありません。手は出さずに見守りながら、相手に自分で階段を上ってもらうのを待っているようなイメージです。

相手が自分で考えるきっかけを疑問文によって作り、結果的に自ら考え、納得してもらうということです。学校の授業などでも、ぜひこうした「相手に考えさせる疑問文の話し方」を、先生方に実践してみてもらいたいですね。

終章　思考の方程式

――九つの考えるヒント

終章も実践編として、思考力を鍛えるための方法論を、九つのヒントとしてまとめました。

1 知的好奇心が考えを広げる

ステレオタイプの対極にあるのが、「知的好奇心」とも言えます。ステレオタイプに囚われると、思考停止になりやすいわけですが、対して知的好奇心はものごとを不思議がるというものですから、考えるための大きなきっかけになります。

新しいことに遭遇したら「何だろう?」と知りたくなる、子どものような純粋な気持ちが知的好奇心です。子どもはひっきりなしに、「どうして?」「それって何?」と親に質問をします。そういう知的好奇心を、ずっと持ち続けるべきです。

そうした子どもの疑問を、「うるさい」「そんなつまらないことを言うな」などと抑えつけてしまうと、知的好奇心は育ちません。子どもの疑問を大事にしてあげて、面白く答えてあげたり、自分もわからなければ一緒になって調べたりする、親なり先生なり、周囲の大人たちがいることが、知的好奇心を育てるには大切です。

私の場合は、親は全然答えてくれませんでしたが、『なぜだろうなぜかしら』（実業之日本社）という本を与えてくれました。昭和生まれの人気シリーズ書籍で、子どもの素朴な疑問、「なぜ太陽は朝出て夜沈むの？」「いくら歩いても月に近づけず、同じ距離で遠ざかっていくのはなぜなの？」などに答えてくれる本でした。「この本を読んで、疑問を解消しなさい」ということだったのでしょう。

そうしてこれまでに知らなかったことを知ると、人間は他の人に「ねえ、知ってる？」と教えてあげたくなります。誰しも、相手が知らないだろうことを知ったら、それを伝えたいという欲望のようなものがあるのでしょう。さらに伝えたときに、「へえ〜！」と驚いてくれる人がいると、快感になります。

私が記者になりたいと思ったのも、いまになって振り返ってみると、そういう体験が子どもの頃にあったからですね。新聞や本を通じて知ったことを話していると、級友たちが「へえ〜！」と驚いてくれました。そしていつしか「何でも知ってる池上君だから質問するんだけど、これどうなってるの？」などと声をかけられるようにもなりました。

すると、「『知らない』とは言えないな、いろいろな疑問に答えられるようにしなければ」と思って、より探求心が広がっていきました。それが結果的に、いまこの年になっても続いているのです。

2 事実を集めて初めて、真実に近づく

知的好奇心が強いのはいいことですが、一方で、誤った情報を信じてしまわないようにする必要もあります。何でも鵜呑みにしてしまわないことこそが、「ステレオタイプなものの見方からの脱却」につながります。このときに大切なのは、「自分はものを知らないんじゃないか」と謙虚になることです。

一九歳で最年少の四冠を達成した驚異の将棋棋士、藤井聡太さんに以前インタビューをしたとき、彼は「AIの示す手が唯一の解ではない」「将棋の神様がいるとしても、人間にはまったくわからないので、『将棋の神様はどう指すんだろう?』などとは一切考えない」、と話していました。

安易にAIを信じきってしまうわけでもなく、かといって、「自分はすべてをわかるはずだ」などと自信過剰になるわけでもない。凡人には想像のつかないほどの偉業を成し遂げるトッププロだからこそ、自分の現在地を正確に知っているのだな、不完全な自分をも謙虚に

受け入れられるのだな、と感心したものです。

さらに彼は「人間は（そしてＡＩも）、真実を知り得ない」ということを、あの若さで悟っているのです。

私も、「これが真実だ」ということは言いたくないと常々思っています。テレビ番組の台本などで「〇〇の真実」とかと書いてあると、「真実」という単語を消してもらいます。「ジャーナリストは真実を追求する」などと言いならわされていますが、それは違います。真実なんか見つけられるわけがありません。真実は、神のみぞ知るものなのです。私たち人間は、真実というものは多分あるのだろう、でも知り得ないのだ、と謙虚でなければいけません。私たち人間ができることは、「事実」を集めることだけ。とにかく事実を愚直に集め、事実を構成することによって、「あるかもしれない真実」にどれだけ近づけるか、ということなのです。自分なりに事実を集めることによって、「真実の近似値」を描き出すということです。

私もこれまでにわかった事実にもとづいて、書いたり話したりしていますが、自分が描いた「真実の近似値」を覆すような事実が見つかっていないだけかもしれません。だからこそ、謙虚な気持ちは持ち続けなければいけないのです。

3　孤独でも自分の頭で考える

藤井聡太さんに会っていちばん印象に残ったことは、「彼は孤独に耐えられる人だなぁ」ということです。

驚いたことがあります。インタビュー中にある質問をしたら彼がボソッと一言答え、その後黙り込んだときのことです。続く言葉を見つけようと考えているんだなと考えて、次の質問を畳みかけるのはよそうと、ずっと待っていました。立ち会っていた新聞記者やカメラマンたちもみんな、次の言葉を待って、ずっと我慢していたのです。

そうして一〇分間、全員無言で、ずっと待っていました。そろそろ耐えきれないなぁ、と思っていたら、藤井さんが突然「僕から質問していいですか?」と聞いてきたのです。「えっ! さっきので答え終わっていたの?」とのけぞりました。

彼は彼で、質問に答え終わっているから、次の質問を待っていたのでしょう。それでいつまでたっても池上が次の質問をしないものだから、こっちから質問していいですかと言ってみたのだと思います。思いがけず、一〇分間の我慢比べをしてしまいました。

一〇代であれだけの沈黙とプレッシャー、孤独にずっと耐えられる様子を見て、ああ、だから将棋の道を極めることができるんだなあと思ったのです。折しも藤井さんと丹羽宇一郎さんの対談本『考えて、考えて、考える』(講談社)で、丹羽さんがトップの条件として「孤独の力」を挙げていました。藤井さんはすでにそれを身につけているのでしょう。

藤井さんのインタビューでは、読者、特に高校生を持つ親がぜひ聞きたいことだろうと、あえて「どうして高校を卒業しなかったんですか」と聞きました。あと数ヵ月で卒業だったのに中退するなんてもったいない、と読者は思っているに違いないと思ったので、わざとこういう質問をしてみました。

案の定、対局で忙しいということに加えて「将棋にしっかりと取り組んでみたいと考えていたから」という答えが返ってきました。

藤井さんのように、若い頃に本当に専念したいことと出合った人は、得てしてそういうものです。マイクロソフト創業者のビル・ゲイツ氏もハーバード大学を中退しましたし、アップル創業者のスティーブ・ジョブズ氏だってリード大学を中退しています。

自分の道を自分で決める過程は、孤独でもあったでしょう。しかし、彼らは「このアイデアでいますぐ起業しないと、チャンスを逃すんだ」と決断して専念し、それによって、いち早くそのジャンルを開拓し第一人者となったから、大成功できたのです。高校卒や大学卒などの学歴よりも大事なことがあるというのは、まったくそのとおりだと思います。

4 「定義」と「根拠」が論理的に考える基本

序章で紹介した、東京工業大学での「池上彰先生に『いい質問』をする会」では、こんな質問も届きました。

「二〇〇四年に竹中平蔵によって派遣法が改正されて以降、先進国の中で日本だけ賃金が下がっています。これは外国の支配層に日本人の血税が流れているからだと思います。なぜ日本人が『真面目に働け、就活しろ』などと言われなければならないのですか？　池上さんもお気づきになられていますよね？　この日本政府を、メディアを変えなければ、日本に光などないです。このような状況であることに対し、池上さんの考えをおうかがいしたいです」

というものです。

こういう「ネトウヨ」っぽい質問もわりと来ていたため、あとで私の同僚の先生が調べたら、どうもごく一部の人間が複数のアカウントを使いながら質問をしてきていたようです。

そもそも東工大生だったのか確認できませんでした。他の東工大生たちからは「あんな質問に答える必要はない」と言われましたが、丁寧に答えました。

この質問については、「『外国の支配層に日本人の血税が流れているからだと思います』と言いますが、外国の支配層って誰のことですか？　アメリカですか？　中国ですか？　韓国ですか？　『日本人の血税が流れている』とは、血税は税金を指していると思いますが、『外国の支配層』に日本人の税金がどういうメカニズムで流れていくんですか？　東工大生は何かあるとすぐに『定義がないと議論はできません』と言いますね。もし君が東工大生だったら、きちんと定義をしてから、それについて議論をしなければいけない。『外国の支配層に『血税が流れている』と言うけれど、そもそもの言葉の定義がないですね」と答えました。「何かものごとについて議論するときには、必ずそれについての定義をし、そしてエビデンスがあるかどうかをめぐって議論をしましょう」と、こう諭したわけですね。この回答は、東工大生からの評価が高かったようです。

私たちはよく、定義がないまま、イメージで「外国にやられちゃったんじゃないの？」などと言います。その外国とはどこを指しているんでしょうか。よく言いがちなのは、「欧米では」。お笑いでも「欧米か！」というセリフが流行しました。欧米ってアメリカなのか、ヨーロッパなのか。ヨーロッパだって、東ヨーロッパと西ヨーロッパ、北ヨーロッパ、南ヨーロッパではいろいろな点が違うよ、ということです。

きちんとした定義がないまま、なんとなく漠然と議論をするということは、避けなければいけません。議論をするときは、まず必ず、何について議論しようとしているのか、その議論する対象の定義は何なのかをきちんと設定した上で、エビデンス、すなわち根拠があるかどうかにもとづいて、論理的に議論をしていかなければいけません。

これは論理的に思考力を働かせるときもまったく同じことです。何について考えるのか、テーマを設定した上で、定義とエビデンスにもとづいて考えるべきなのです。

5 不安なときに冷静に考える方法

陰謀論は、不安から生まれるとお伝えしました。特に日本人は、『FACTFULNESS』ふうに言うと「不安本能が強い」と言えそうです。第3章で紹介したＷＨＯの進藤奈邦子さんも、インタビューのときに「日本社会は反省会を開き、だめだった項目を並べます。悪い部分に目を向けすぎるとエネルギーは生まれず、うまくいったことを忘れてしまうのは危険です」とおっしゃっていたのが印象的でした。

たとえばイタリアでは、新型コロナが急拡大した二〇二〇年春、初めてのロックダウンのときにも、それぞれの家のベランダに出てワイングラスを持ち、向かいのマンションの人と「乾杯！」と言い合ったり、一緒に歌を歌ったりしている映像が拡散しました。ああ、常日頃から何ごともポジティブに受け止める人たちは、こういうふうに逆境を楽しむんだな、すごいなと感心したものです。

日本だとあり得ないですよね。ベランダに出て「おーい、みんな乾杯しようぜ」なんて叫ぼうものなら、「うるさい、近所迷惑だ！　こんなときに何だ！」などと怒られそうです。

不安が強いと、思考停止を引き起こし、むやみやたらに相手を批判したり、相手の足を引っ張ったりすることになります。日本で初めて緊急事態宣言が出た二〇年春は、パチンコ店がやり玉に上がって、都知事もマスコミもたたきました。「他の業種の店が閉めている中で、なぜパチンコ店を開けて、人を呼び込むのか」と。

しかしいまになって冷静に考えると、パチンコ店はもともと、タバコを吸う人が多いために天井が高く、換気がとてもいいのです。その上、パチンコをする人たちは、マスクをしてひたすら黙って前を向いているだけで、隣同士の会話なんてまったくない。そう考えると、パチンコ店に行くこと自体は、マスク会食なんかよりも相当「安全」で、リスクが低いのです。いまではパチンコ店が開いていても、みんな文句を言わなくなりました。

不安なときにこそ、「あいつだけ商売をやりやがって、けしからん」と他者をたたきたくなるものなのです。誰かに思いがけずいいことがあったときにも、素直に「いいね、うらやましい」と言う人と、「ずるい」と言う人がいます。「うらやましい」と言う人は、自分もそうなりたいなとポジティブな気持ちで言っていますが、「ずるい」と言う人は、実際ずるくもなんともないことでも、勝手に嫉妬の気持ちを抱いています。「出る杭は打たれる」といいます。そういうネガティブな考え方が、日本では多いように思います。

コロナ禍のニュースで衝撃を受けたのが、これも緊急事態宣言時に、福島県で県外ナンバーの車が、石を投げられたり車体に傷をつけられたりしたというものでした。福島県は東日本大震災とそれによる原発事故の後、さまざまな風評被害で大変な目に遭い、福島ナンバーの車が新潟や長野に行くと嫌がられるということがありました。それなのに、局面が変われば自分たちがされて嫌だったことを人にしてしまうんだな、というのがショックでした。

県外ナンバーだからイコールコロナ患者というわけでもないし、マスクをせずに外をふらふら歩いて咳きこんでいるわけでもないのですから、ちょっと立ち止まって冷静に考えればいいのに、と思います。漠然とした不安を感じるときこそ、漠然としたイメージで考えるのではなく、ひとつひとつを論理立てて冷静に考えないといけません。

6 作用・反作用の力学で考える

現代社会の情勢を見ていると、「作用・反作用」という力学が働いているなと感じることが多々あります。アメリカとイランの関係が明らかにそうです。

反米国家のイランで、哲学と教育学の学位を持ち、アラビア語・英語・ドイツ語にも堪能で、アメリカとの関係を改善しようというハタミ大統領が一九九七年に誕生しました。ところが当時のブッシュ大統領（ブッシュ・ジュニア）が二〇〇二年、イランをイラクと北朝鮮とともに「悪の枢軸」と呼びました。

その途端にイラン国民は、「ほら、アメリカなんか信用できない」と一挙に反米に動き、次の大統領選挙では保守強硬派のアフマディネジャド大統領が当選し、核開発を始めてしまいました。するとアメリカもさらにイランに対して厳しい状態になるという悪循環に陥りました。

しかし、アメリカでオバマ大統領が誕生し、イランとの関係を改善しようとすると、イランもロウハニという穏健派の大統領に代わり、イランの核兵器開発を大幅に制限する「イラン核合意」が実現しました。

次にトランプ大統領となって、イランをまた悪者扱いすると、途端に、ロウハニ大統領の後任にライシという保守強硬派の大統領が誕生した、というわけです。まさにこれは、作用・反作用の力学そのものです。

日韓も似たようなものです。韓国で反日意識の強い大統領が誕生すると、日本でも嫌韓意識が高まるし、金大中《キムデジュン》元大統領のように日本との関係を改善しようとする大統領になると、日本でも韓国のファンが増えてきます。まさにこれも作用・反作用の力学です。

この力学が頭にあると、仕事や人間関係でも、自分がどのように行動すればいいか判断できることもあるかもしれません。

7　人権の国際スタンダードが思考力を磨く

海外に出て、リアルな体験を積む際に注意すべきは、国際スタンダードを知っておくということです。東京オリンピックの一連の騒動で、日本人が人権の国際スタンダードに無頓着であることが国内外に知れわたってしまいました。

オリンピック・パラリンピック開会式と閉会式のディレクターを務めていた元お笑い芸人が、二四年前に発売されたビデオソフトの中で、「ユダヤ人大量虐殺ごっこ」などとホロコーストを揶揄《やゆ》する発言をしていたことで、謝罪し開会式直前に辞任をしました。約六〇〇万人のユダヤ人が亡くなったと言われるホロコーストをネタにするなどということは、人の常識としても国際スタンダードとしても、絶対にあってはならないことです。

本人は単に「不適切な表現」と言っていましたが、そんなに軽いものではありません。日本社会が長年、人権問題に取り組んでこなかったことを世界に知らしめてしまう、実に恥ずかしい出来事でした。

開会式の音楽を担当していたミュージシャンも、子どもの頃にいじめをしていたことを、過去に雑誌のインタビューで自慢していたことが露呈し、同じく開会式直前に辞任しました。彼は相手に謝るどころか自慢話として吹聴していたため、社会的に断罪されました。

悪いことをしたら、一定の社会的な制裁を受けるのは、自業自得で仕方ありません。ただし、いじめと関係のない彼の子どもや家族までバッシングされてしまったのは間違っています。個人と家族はイコールではありません。では、彼自身は死ぬまで許されないのかというのも、それはやっぱり違うでしょう。反省して罪をつぐなった人物を、どう社会で受け入れるのか、そこには社会の寛容さも求められることになります。

8 ものごとを三次元で立体的に見るコツ

東京オリンピック開幕直前、出場資格を失ったウガンダの選手が、「日本で働く」と書き残して合宿所から逃げてしまったということがありました。あのニュースを見ると、ウガンダはすごく貧しい国というイメージを持ちます。しかし六年ほど前に私が初めてウガンダへ行ったとき、首都・カンパラには高層ビルもあり、車は大渋滞で、都市化が進んでいて驚きました。

カンパラは地図で見ると赤道直下なので、暑いだろうと思われますが、標高一一五〇ｍに位置する高原都市で実に快適なのです。ウガンダ在住の日本人たちが帰国しなければいけなくなると、「夏の日本なんか蒸し暑くて帰りたくない」と言うほどです。一年中初夏の軽井沢のような気候だと思えばいいでしょう。それはそれは快適なのです。

さらにウガンダに行ってみて知ったのですが、実は二〇世紀初め頃、ウガンダ（当時の英領東アフリカ）がユダヤ人国家の建設候補地に挙がっていたのです。

そのころウガンダはイギリスの植民地で、パレスチナもイギリスの委任統治領だったことで、大勢のユダヤ人がイギリス軍に従軍し、ウガンダにも駐留していました。そしてウガンダの気候がすごくいいし、人口も少ないし、ウガンダにユダヤ人の新しい国をつくればいいのではないかという議論があったのです。最終的には、やはり二〇〇〇年以上前にユダヤ人の国があったパレスチナがいいということになり、イスラエルが建国されたのですが、それくらい、実はウガンダは気候のいいところなのです。

自分で行ってみて初めてわかるということは、たくさんあります。

ウガンダは高地なので、コーヒーがおいしい国でした。ウガンダ在住の日本人にその感想を言ったら、「隣のルワンダのほうが、標高一五〇〇m以上とさらに高地だからもっとコーヒーがおいしいんですよ」と教えてくれました。

その後隣国のケニアにも行ったのですが、ケニアの海岸は気温四〇度となるときもあり、たえがたい暑さです。しかし首都のナイロビは標高一七〇〇mの高地にあり、カンパラ同様に快適なのです。この気候のよさが理由でここが首都になったんだな、ということが実感できます。気温が三〇度を超える日は滅多になく、長袖のスーツを着ている人も見かけます。

地図で見ると赤道直下ですが、平面ではなく三次元で見ると、ウガンダのカンパラもケニアのナイロビも、高地にあり快適なのです。ものごとは三次元で見るべきだと、まさにFACTFULNESSを痛感しました。

二〇一二年に訪れたケニアでは、携帯電話（当時フィーチャーフォン、いわゆる「ガラケー」）でのキャッシュレス決済の普及具合に驚きました。「エムペサ（M-PESA）」というモバイル送金サービスで、ショートメッセージ機能を使って現金のやりとりを代行します。銀行口座やクレジットカードを持っていなくても、携帯電話だけで利用できるので、当時すでに一四〇〇万人ものユーザーがいました。

ケニアには、日本のようにあちこちに銀行の支店やＡＴＭがあるわけではなく、いちいち振り込みに行くことができません。そういう国の人たちにとって、携帯電話は素晴らしい道具です。「リープフロッグ（カエル跳び）」という言葉があります。日本のように国内の隅々まで固定電話の回線が引いてあるような国よりも、アフリカのように固定電話の回線が整備されていない国のほうが、携帯電話の普及は早くなります。固定電話の回線の設置を一足飛びにして、携帯電話の基地局を造るほうに舵を切るわけです。まさにカエル跳びです。

発電所も少なく電気も不足していますが、充電屋という商売をする人がいて、太陽光発電で携帯電話を充電するサービスもあります。だから多くの人が携帯電話を持っていて、キャッシュレス決済も普及したわけです。

ケニアはいまや、総発電量の八五％を地熱発電や水力発電などの再生可能エネルギーでまかなっています。これも「カエル跳び」で、アフリカ諸国は脱炭素社会の実現という点で、今後日本よりもはるかに先を行く可能性があります。

こういう経験を積むと、ステレオタイプな思い込みは容易に崩されます。

地球上のすべての国には、私も行けていませんが、これまでに八四の国や地域を訪れ、いろいろな驚きや感動に出合ってきました。まさに「百聞は一見に如かず」です。コロナ禍が終わって再び自由に海外へ渡航できるときがきたら、ぜひ飛び出して三次元で見て考える経験をしてみてほしいと思います。

9　常識のアップデートで思考力を研ぎ澄ます

思考力を研ぎ澄ませ、鍛えるにはどうしたらいいのか。やはりそれは日頃から、たくさん本を読み、自分自身でさまざまな経験を積む、ということです。自分の中の「常識」が覆される経験をすることで、自分のアンテナを敏感にして、思い込みに囚われないようにすることができます。

そのときは、知らないということに謙虚になって、素直にものごとを受け入れる姿勢も大切です。

同じ外国でも、アフリカに行けば、日本人とは顔つきも肌の色も違いますから、むしろ違いを認めて何ごとも素直に受け入れられます。しかしお隣の韓国や中国へ行くと、見た目もそっくりですし、中国は漢字も使っていますし、ついつい自分たちの常識が通じるという錯覚を抱き、全然違うことで「裏切られた」「なんだあいつら」といったある種の「近親憎悪」的な感情が生まれ、嫌韓、嫌中となっているのではないかなと思うのです。

思考力を鍛えることは、いまから誰にでもできることです。遅すぎるなんてことはありません。意識して「考える」クセをつけ、「無知の知」を自覚しながら、考えを深める訓練をしてみましょう。

おわりに——問いを立て考えれば、道は開ける

人は「真実」を知り得ることはできない、真実は神のみぞ知る、と書きました。私たち人間は、地上を這いつくばりながら、これは何だろう？ どうしてだろう？ と、事実を真摯に探究し、それを積み重ねていって、考え続けることしかできないのです。

たとえば、飛行機も宇宙船もなかった時代、人は地球が宇宙からどのように見えるのかもわかりませんでした。もちろん、広大な海の青さや豊かな大地の緑の深さ、青空に漂う雲の白さは、地上から見て知っていましたから、地球が青と緑、白を中心とした天体として見えるだろうということは予想できたかもしれませんが、あくまで予想でした。

旧ソ連の宇宙飛行士ガガーリンが、一九六一年に人類史上初めて宇宙飛行をして「地球は青かった」という言葉を残し、六八年にアメリカのアポロ八号に乗っていた宇宙飛行士たちが、史上初めて地球のカラー写真を撮影したことで、ようやく「神の視点」に近づき、地球は青いということが明確になりました。

ただしそれは、人間の網膜を通して地球を宇宙から見ると「青かった」にすぎません。人間以外の動物は、そもそも色の見え方が違っています。牛や馬はモノクロの景色を見ているような状態だと言われていますし、犬や猫は赤と青の違いくらいしか識別できないと言われています。やはり「真実の地球の色」は、神様にしかわからないということかもしれません。

これを踏まえれば、「思考力のない人」とは、「真実や正解が必ずあると思い込む人」、そして「他者の言ったことを、そのままただひたすら真に受けてしまう人」と考えることができるかもしれません。

反対に「思考力のある人」とは、「私たち人間は、真実になんか到達できない」という限界を知った上で、自分なりに問いを立て、少しでも客観的事実を積み重ねて真実に近づこうと考える努力をしている人だと言えます。

つまり何ごとも、少しでも疑問に思うことがあれば、「本当なのかな?」「どうしてこういうことを言うのかな?」と、一歩立ち止まって、自分の頭で考えることができる人が、思考力のある人だということです。

私たちは学校で「正解のある問い」について学びますが、社会に出たときに正解のない問いを自分でどう考えるか。事実を集め、きっと真実はこうではないかなと推測する力、それこそが思考力です。

とはいえ、人間が真実に近づく努力をしても、何が正解で何が正解ではなかったかなんて、あとになってわかることもあれば最後までわからないこともあります。でもこれはむしろ、いいことだと言えるでしょう。

大学受験に失敗して絶望感を味わった、でも志望していなかった大学に入って生涯の友人や天職となる仕事を得ることができた、という場合、人はあとから「あのとき落ちてよかったんだ」と思い直し、立ち直ることができます。「あのとき合格していれば、もっと違うバラ色の人生が待っていたんだよ!」なんて、もしわかったとして何になるでしょう。

答えが何であれ、自分自身で、自分の未来をよりよく創っていけばいいのです。

思考力は、「自分がよりよく変わる力」です。思考力があれば、たとえ失敗をしても立ち上がり、自分なりの「よりよい未来」に向かって、歩んでいくことができます。

これからも、真摯に考えていきましょう。

この本がかたちになるに当たっては、小泉明奈さん、呉清美さん、唐澤暁久さんに御尽力いただきました。感謝しています。

二〇二二年　一月

池上　彰

参考文献（著者名五十音順）

『昭和16年夏の敗戦』猪瀬直樹　中公文庫
『経済学は人びとを幸福にできるか　新装版』宇沢弘文　東洋経済新報社
『自動車の社会的費用』宇沢弘文　岩波新書
『社会的共通資本』宇沢弘文　岩波新書
『わが歩みし精神医学の道』内村祐之　みすず書房
『密着取材・地球帰還までの２１９５日——ドキュメント「はやぶさ２」の大冒険』
ＮＨＫ小惑星リュウグウ着陸取材班　講談社
『サクッとわかる　ビジネス教養　地政学』奥山真司　監修　新星出版社
『貧乏物語』河上肇　大内兵衛　解題　岩波文庫
『組織の不条理——日本軍の失敗に学ぶ』菊澤研宗　中公文庫
『歴史総合（歴総　704）』木畑洋一、成田龍一ほか二一名　実教出版
『公共（公共　704）』桐山孝信ほか九名　実教出版
「文藝春秋」二〇二一年一〇月号「読んではいけない『反ワクチン本』」忽那賢志　文藝春秋

『ダライ・ラマ法王に池上彰さんと「生きる意味」について聞いてみよう』ダライ・ラマ14世、池上彰　講談社

『高等学校　新地理総合（地総703）』戸井田克己ほか一七名　帝国書院

『失敗の本質――日本軍の組織論的研究』戸部良一ほか五名　中公文庫

『市販本　新しい歴史教科書』西尾幹二　代表執筆者　扶桑社

『市販本　新しい公民教科書』西部邁　代表執筆者　扶桑社

『考えて、考えて、考える』丹羽宇一郎、藤井聡太　講談社

『「憲法改正」の真実』樋口陽一、小林節　集英社新書

『暁の宇品――陸軍船舶司令官たちのヒロシマ』堀川惠子　講談社

『鄭和の南海大遠征――永楽帝の世界秩序再編』宮崎正勝　中公新書

『経済は地理から学べ！』宮路秀作　ダイヤモンド社

『FACTFULNESS《ファクトフルネス》――10の思い込みを乗り越え、データを基に世界を正しく見る習慣』ハンス・ロスリング、オーラ・ロスリング、アンナ・ロスリング・ロンランド著　上杉周作、関美和　訳　日経ＢＰ社

『なぜだろうなぜかしら』シリーズ　実業之日本社

池上 彰

ジャーナリスト。1950年、長野県松本市生まれ。慶應義塾大学卒業後、1973年にNHK入局。報道記者としてさまざまな事件、災害、消費者問題、教育問題などを担当する。1989年、ニュース番組のキャスターに起用され、1994年からは11年にわたり「週刊こどもニュース」のお父さん役として活躍。2005年よりフリーランスのジャーナリストとして、執筆活動を続けながら、テレビ番組などでニュースをわかりやすく解説し、幅広い人気を得ている。また、9つの大学で教鞭をとる。『社会に出るあなたに伝えたい　なぜ、読解力が必要なのか？』（講談社＋α新書）、『なんのために学ぶのか』（SB新書）、『知らないと恥をかく世界の大問題12 世界のリーダー、決断の行方 』（角川新書）など著書多数。

講談社＋α新書 6-4 C

社会に出るあなたに伝えたい

なぜ、いま思考力《しこうりょく》が必要《ひつよう》なのか？

池上《いけがみ》 彰《あきら》

2022年2月16日第1刷発行

発行者——— 鈴木章一

発行所——— 株式会社 講談社

東京都文京区音羽2-12-21 〒112-8001

電話 編集(03)5395-3522

販売(03)5395-4415

業務(03)5395-3615

KODANSHA

イラスト——— ヨンチャン

デザイン——— 鈴木成一デザイン室

取材・構成——— 小泉明奈

写真撮影——— 森 清

本文図版——— 朝日メディアインターナショナル株式会社

カバー印刷——— 共同印刷株式会社

印刷——— 株式会社新藤慶昌堂

製本——— 株式会社国宝社

定価はカバーに表示してあります。

落丁本・乱丁本は購入書店名を明記のうえ、小社業務あてにお送りください。

送料は小社負担にてお取り替えします。

なお、この本の内容についてのお問い合わせは第一事業局企画部「＋α新書」あてにお願いいたします。

Printed in Japan

ISBN978-4-06-524693-1

講談社＋α新書

人の心はどこまでわかるか　河合隼雄
心の問題の第一人者が、悩み、傷つく心を通して人間のあり方を問う！　河合心理学の核心！
814円 1-1 A

父親の力　母親の力　「イエ」を出て「家」に帰る　河合隼雄
大きくゆらぐ家族関係。家族を救う力とは！　誰もが直面している大問題に深層から答える！
922円 1-3 A

日本語の「大疑問」　池上彰
「週刊こどもニュース」のキャスターである著者が、「話す・読む・聞く」言葉を面白く解説!!
814円 6-1 C

大人も子どももわかるイスラム世界の「大疑問」　池上彰
社会の決まり、民族の約束事、コーランの教えなど、「宗教と人間」がわかる。地図も役立つ!!
979円 6-2 C

社会に出るあなたに伝えたい　なぜ、読解力が必要なのか？　池上彰
実体験による最強の読解力のつけ方。本質を見抜く力があれば、どんな環境でも生き抜ける！
946円 6-3 C

社会に出るあなたに伝えたい　なぜ、いま思考力が必要なのか？　池上彰
本当に頭のいい人は「自分で考える力」のある人です。思考力を磨く9つの方程式を初公開！
990円 6-4 C

「気と経絡《けいらく》」癒《いや》しの指圧法　決まった位置にあるツボなどない　遠藤喨及
世界から「奇跡の手」と称されるツボ刺激法！「気」を感じながら、誰でもできる画期的方法
924円 17-1 B

納得の間取り　日本人の知恵袋　日本人らしい生活空間とは　吉田桂二
間取りとは、家族個々の〝部屋取りパズル〟ではない！　豊かだった先人の発想を今こそ活かす
968円 50-1 D

中村天風「幸せを呼び込む」思考　神渡良平
「ありがとう。ごめんなさい。許してね。愛しています」が「人生の主人公となれる」秘訣！
964円 80-3 C

商人道「江戸しぐさ」の知恵袋　越川禮子
江戸の町で暮らす商人たちが円満に共生する技術が「江戸しぐさ」。今に役立つ繁盛の真理!!
880円 82-1 C

方言の日本地図　ことばの旅　真田信治
方言は日本語の原点!!　75の地図を駆使してわかり易く解説。日本語は決して一つではない！
858円 133-1 C

表示価格はすべて税込価格（税10%）です。価格は変更することがあります